A Ira das Águas

A Ira das Águas

Edla van Steen

São Paulo
2004

© Edla van Steen, 2004

Diretor Editorial
JEFFERSON L. ALVES

Assistente Editorial
ANA CRISTINA TEIXEIRA

Gerente de Produção
FLÁVIO SAMUEL

Revisão
ROBERTO ALVES
CLÁUDIA ELIANA AGUENA

Capa
EDUARDO OKUNO

Foto de Capa
DELFIM MARTINS/PULSAR

Editoração Eletrônica
ANTONIO SILVIO LOPES

Dados Internacionais de Catalogação na Publicação (CIP)
(Câmara Brasileira do Livro, SP, Brasil)

Steen, Edla van
  A ira das águas / Edla van Steen. – São Paulo : Global, 2004.

  ISBN 85-260-0976-1

  1. Contos brasileiros I. Título.

04-7723   CDD–869.93

Índices para catálogo sistemático:

1. Contos : Literatura brasileira   869.93

Direitos Reservados

**GLOBAL EDITORA E
DISTRIBUIDORA LTDA.**

Rua Pirapitingüi, 111 – Liberdade
CEP 01508-020 – São Paulo – SP
Tel.: (11) 3277-7999 – Fax: (11) 3277-8141
E.mail: global@globaleditora.com.br
www.globaleditora.com.br

Colabore com a produção científica e cultural.
Proibida a reprodução total ou parcial desta obra
sem a autorização do editor.

Nº DE CATÁLOGO: **2609**

Para
Anna
Lea
Ricardo e Paula
Bianca
Dries
Martina

*Só não existe o que não
pode ser imaginado.*

Murilo Mendes

Sumário

Prefácio 11

Mãe e Filho 25

Mania de Cinema 41

Nojo 57

Rua da Praia 73

Ela e Ele 87

Um Dia como os Outros 101

A Ira das Águas 113

Prefácio

Gosto da Fabulação e Feitiços
Catarinautas em Contos
Arrebatadores

No hospital, a enfermeira Cristal providencia os últimos amores aos moribundos. Em casa, Manfredo, o filho limítrofe – "a escola não pode compreender? Não pode!" – a espera. "Todos gostam dele, principalmente pássaros e pombas", diz a narradora, "a gente tem a impressão de que ele conhece algum segredo para se comunicar com todos".

O maior segredo, porém, é vivido em descuidada partilha com a namorada. Logo os pais dela desfarão o surpreendente mistério. Esta é trama essencial de "Mãe e filho", o conto que abre este volume.

Já em "Mania de cinema", dando às letras o encanto de imagens semelhantes às do filme *Cinema Paradiso*, antigo namorado, ostentando o orgulho talvez inconsciente do macho, ao lado de desjeitosa "ruiva desbotada", indaga à mulher que quer apresentar como troféu tardio de velhas e memoráveis conquistas, se não se lembra dele, o examado. Ela pede que refresque suas lembranças. "E se eu disser meu apelido?" Gomalina, agora excelente cirurgião, cai na armadilha da astúcia feminina. A esposa enfim triunfa, eliminando os últimos resquícios do amor adolescente.

Os ex-namorados da indagada mexem com ela no silêncio de outras lembranças: "de alguns eu ficara com sensações – o bigode do aviador que raspava meu pescoço, por exemplo, o gosto salgado do meu primeiro noivo, que chorava de emoção cada vez que me beijava". Sem contar a coleção de bonecas que enfeita seu quarto dos dias da madureza, presente do homem de beijo salgado.

Para outro, ela é ainda "a melhor fêmea da cidade". E dele ouve o solerte convite, assim traduzido: "posso ir pra casa dele quando eu quiser que ele me come com o maior prazer".

O ponto de vista feminino repõe para exame as doces lembranças da viuvez que irrompeu, de acordo com a máxima eterna de que, por norma, os maridos morrem primeiro: "os homens pensam que as mulheres devem a eles o gozo eterno. Bobagem. Quando a gente descobre o prazer de se entregar, pode amar qualquer um que souber fazer amor".

Outro dia encontrará mão desconhecida que a fará gozar, não contra a vontade, mas contra a parede, à luz do dia: "tentei me debater, mas pouco, viu? Afinal estava gostando demais, uma sensação nova, a maior tesão fora de hora. De repente, dei um grito de prazer. Acredita? Verdade". Mas o caleidoscópio inclui diversas outras pequenas tramas com seu grão de humor e de sal.

O livro vem num crescendo vertiginoso, de arrebatadora conivência com o leitor, semelhando a leitura cooperativa de que falam certos teóricos, quando chega em *Nojo*. Nele, Edla van Steen mostra uma de suas mais evidentes qualidades literárias, o diálogo, técnica de difícil manejo, que demanda exímia operação para que o artifício simule naturalidade, sem revelar os andaimes da construção. Na abertura do conto, vovó e neta, ambas impregnadas da natural curiosidade feminina, conversam em frases rápidas sobre o destino da avó, que se prepara para ir ao encontro de um ex-colega de faculdade. Ou Eleonora não quer abrir a porta do passado, com o fim de evitar que a neta intua ou descubra que se trata de alguém mais do que um amigo?

Não resisto a transcrever trecho da vertiginosa e arrebatadora conversa entre duas gerações, sintetizadas com maestria na arte de falar, entredizer, simular, revelar, esconder. "– Esse seu amigo. Como é o nome dele? – Igor. Em homenagem a Stravinsky. A mãe dele era pianista". Gabriela tem a insistência das crianças e segue apertando a avó: "– Como é que você encontrou o cara? Na expressão de Eleonora, um certo triunfo. – Foi ele quem me telefonou, semana passada". (...) "– Ora, Gabi. Ele me descobriu pela lista telefônica". (...) "– Vovó, eu acho que você está me escondendo alguma coisa. (...) Você foi apaixonada por ele?" "– Fui. Como as outras. Mas algumas ficaram grávidas". "– Quero detalhes, vó. Pensei que naquele tempo vocês nem davam". E se a avó também tivesse engravidado daquele homem, assim embutido numa nuvem de mistérios que a neta tenta em vão devassar?

A escritora foge do recurso fácil do suspense. O leitor fica preso à narrativa, mesmo depois da revelação, encantado por outras coisas que, em síntese, compõem a maravilhosa arte de narrar. "Igor nunca soube que era o pai do seu filho. Nem o filho soube que Carlos não era seu verdadeiro pai. (...) Casou-se apaixonado e lhe deu Gabriela, essa neta linda e doce, a Gabi."

Mas é no desfecho que, pela última vez, a escritora parece dar último recado ao leitor. O pacto entre os dois é o de escrever e ler. E podemos conferir que a narradora não despreza o que é essencial para os contistas: a surpresa do desfecho. Neste caso, retomando os fios da abertura e dando solução ao problema levantado, que afinal estruturou a história.

Em "Rua da praia", o leitor passa o tempo todo envolto no enigma que cerca a morte de Maria Alice, repleta de sutis mistérios. Sua história é reposta para exame num crescendo de dificuldades para ser entendida. Edla vai pontilhando o novo conto de poções de uma substância que enfeitiça o leitor. "Viver cada dia nesta cidade e continuar vivo já é uma grande aventura." "Mas qual é o imóvel que não tem seus segredos?" "Eu não tive culpa, o doutor entendeu? Não tive!"

O desencontro é o grande tema de "Ela e ele". Na despedida, depois de algumas decepções, a discrepância que tomou conta dos dois ex-amantes. "Eu devo estar feia e velha. A culpa não é dele. Já não sou aquela que ele pensava amar, como ele não é mais o mesmo para mim." "Por sua vez, ele pensou no quanto a antiga namorada ainda estava bonita e atraente. (...) O conquistador que perdia a mais infame das batalhas."

"Um dia como os outros" apresenta a violência urbana, sem nenhuma pieguice, vista de outro mirante, numa prosa cheia de compaixão por aqueles que, sendo a parte mais fraca, sofrem mais com a divisão de classes, afinal estão arriscando a vida para ganhá-la. E uma estranha compreensão mútua se instaura entre assaltante e assaltado: "Daqui a uns minutos tu desce depressa e não olha para trás". Não porque sobre a vítima pesasse a ameaça de ser transformada em estátua de sal, como a mulher de Lot, mas porque esta é a regra do jogo na metrópole violenta: "Dá queixa amanhã, viu, chapa? Se não apareço e te mato. Tu ouviu bem? Bico calado. Gostei de tu, um homem pra lá de direito. Tchau". Já para a mulher, o contexto é outro nessa narrativa em que as personagens, postas em ambientes diferentes, estão expostas aos mesmos perigos. "Uma bala perdida causa a morte do menino de rua conhecido como JR, de onze anos". "Que horror. O garoto que me ajudou de manhã! Ele me pediu dinheiro para comprar um sonho." E na ocasião fizera delicado elogio à madame, "uma gata".

Alternando mirantes narrativos, pontos de vista e manipulação perfeita das tramas, "A ira das águas" traz recurso adicional: é também um roteiro cinematográfico. Está pronto, necessitando apenas decupagem. A cidade, o hábitat natural do homem moderno, é trocada por uma vila, refúgio para o amor e outros conteúdos essenciais da existência. Mas é claro que o livro é indispensável à felicidade e por isso sebo e livraria fazem parte do cenário. E Íris arruma os livros fazendo com que alguns casais muito conhecidos sejam homenageados juntos na estante. "Anna Maria Martins colada no Luís Martins, Zélia e Jorge Amado, Anaïs Nin e Henry Miller, Marina Colasanti e Affonso Romano de Sant'Anna, Simone de Beauvoir e Sartre, afinal a literatura os ligara na vida real, ela podia se dar o prazer de não os separar."

"Qualquer hora vai entrar por aquela porta o homem que estou esperando." Mas e o medo dos fantasmas? E o juiz que toca para a mulher no cemitério, certo de que os mortos ouvem música? Casamentos se desmancham e são refeitos em meio às peripécias dessa narrativa de estonteantes idas e vindas com que Edla fecha este livro, talvez o ponto mais alto de sua prosa no gênero das narrativas curtas.

A literatura brasileira vem obtendo sucessivos reconhecimentos internacionais, mas ainda é insuficientemente conhecida e degustada no Brasil. Este livro é uma boa via de acesso à prosa de uma de nossas melhores narradoras, não só por espelhar o tempo que partilha com os leitores, levando-os a escrever o que lêem, por assim dizer, como principalmente porque o faz com um aprimoramento técnico invejável, raramente visto nos contemporâneos, muitos dos quais tomados pela pressa de publicar tudo o que escrevem, sem se sujeitarem à indispensável maturação que a boa literatura, como os vinhos, demanda.

Com este livro, Edla van Steen expõe em toda extensão e profundidade o seu talento, mostrando por que é considerada uma das grandes escritoras atuais e expoente fulgurante de nossas letras no Brasil meridional.

Santa Catarina, arquipélago literário que já nos deu no passado as figuras emblemáticas de Virgílio Várzea e Cruz e Sousa, e Salim Miguel e Guido Wilmar Sassi no presente, entre outros, tem em Edla van Steen um de seus mais legítimos representantes.

E que seja dito por último: estamos diante de um livro bem escrito, fascinante pelas tramas bem urdidas, pelos diálogos que beiram o encantamento, pelos personagens perfeitamente acabados, pela linguagem jamais negligenciada, enfim pela arte de narrar que, bem aproveitada, é também lição para quem quer aprender a escrever.

O mérito maior deste livro, porém, é outro: a leitura agradável, vinda do gosto da fabulação, partilhado por escritora e leitores.

Deonísio da Silva
Escritor, ensaísta, Doutor em Letras pela Universidade de São Paulo, Professor da Universidade Estácio de Sá.

Contos

Mãe e Filho

Manfredo chegou à praça bem cedo, como sempre. Gostava do começo da manhã, quando os zeladores limpavam as calçadas, os bancos estavam vazios e as janelas dos prédios continuavam fechadas. Não que ele soubesse que horas eram. Não se importava. Para quê? Ele simplesmente acordara e viera para o seu lugar preferido: a mulher do terceiro andar do edifício Paulista apareceu de camisola, se espreguiçando. Ele ia se levantar e ficar no portão para cheirar o rastro bom que ela deixava. A mãe dele também costumava exalar um cheiro delicioso e fazia, às vezes, um carinho tão leve, tão leve, uma nuvem passando pelos seus braços.

– Esse menino é meio retardado, Cristal. Já levou ao médico? Veja como ele fica sentado no degrau, olhando para cima. O que ele tenta enxergar?

– Nada, não. Esquece.

Mania de achar defeito. Manfredo estava só se divertindo com as nuvens. Gostava do desenho delas no céu.

– Nunca se repetem, viu, mamãe? Cada dia é diferente. Ontem parecia a senhora dormindo.

– Este menino tem tanta imaginação. Eu olho e não vejo nada. Quer dizer, vejo nuvens. Será que ele vai ser artista?

Cristal fazia muitas recomendações para a empregada.

Que fiscalizasse se ele estava mesmo sentado na praça, que o chamasse para almoçar ao meio-dia e, depois da aula de ginástica, mandasse o filho descansar um pouco.

– Ele é muito frágil. Fique de olho.

Ela sempre ouviu dizer que, a cada dez anos, nascia alguém esquisito na família. Há um século cada vez que as mulheres ficavam grávidas, ouviam os malditos votos: tomara que o seu bebê seja normal. Foi assim com sua bisavó, sua avó, sua mãe e com ela mesma.

– A obstinação é o seu grande defeito, Cristal. Você se dedica demais a esse filho.

– Ah, defeito não, cunhada. Por que não pode ser qualidade? – ela se defendia. – Filho único de mãe solteira, todo cuidado é pouco.

Manfredo foi precoce: andou antes do tempo, falou mais cedo, desenhava com um ano e meio e aprendeu a ler praticamente sozinho, vendo televisão. Por isso a escola tanto o entediava. Uma explicação era suficiente para que ele assimilasse e desenvolvesse tudo. Menos matemática.

Não tinha capacidade para contas. A professora fez o diabo para ensinar e ele nada.

– Trata-se de um menino de inteligência fora do comum – a mãe justificou, orgulhosa.
– A escola não pode compreender?

Não pode. Ele que estude até aprender. Manfredo desistiu. No começo, a mãe pagou uma professora particular, mas as aulas foram ficando caras e ela teve de suspender.

Ele passou a freqüentar a biblioteca infantil e a pegar pilhas de livros. Os dias no quarto, vesgo de tanto ler. Só saía quando havia estrelas.

– Que você está fazendo, Manfredo? – a mãe toda maquiada para sair.

– Estou vendo se existe alguma estrela mais bonita do que você.

Cristal, emocionada, tirava a roupa e mudava os planos. O divertimento estava em casa. O filho, também contente, contava as histórias lidas. Ele era tão interessante. A sua impressão é que um dia Manfredo podia até virar escritor.

De repente, ele enjoou e não foi mais à biblioteca.

— Cansei, mãe. São muito bobas essas histórias. Vou até a praça.

— Fazer o quê?

— Encontrar meus amigos.

— Quais?

— Qualquer dia eu apresento todos a você.

Cristal suspirou, contente. Então o seu filho tinha amizades. Que bom. O que não acontecia com ela. Os homens que conhecia estavam mais para lá do que para cá e as mulheres do hospital trabalhavam tanto que não podiam se aproximar umas das outras. Se aquele sacana do marido não tivesse fugido com a secretária... Ela, depois da separação, só encontrara um único sujeito legal, coronel do exército. Ele falava em morarem juntos e trazia-lhe presentes, quando vinha do interior. Nunca levara ninguém em casa, mas como ele propôs que morassem juntos precisava conhecer Manfredo, ela jamais se separaria do filho, que era um pedaço dela, entendeu, Coronel? Ele concordava, mas o encontro não saía. Até que finalmente ia acontecer.

— Vou trazer um amigo para jantar, Manfredo. Quero que você o trate muito bem, entendeu?

— Por quê?

— Gosto dele.

— Onde você encontrou esse?

— No hospital.

— Estava doente?

— Não. Era acompanhante de um paciente meu.

Cristal era enfermeira de doentes terminais que até a pediam em casamento, horas antes de morrer. Os médicos e as famílias eram coniventes, davam a impressão de que os moribundos iam se curar. E pediam a ela que fosse gentil com eles, que aceitasse dar-lhes alegria, não era tão difícil, que custava? E criavam condições para que ela ficasse a sós com eles, às vezes mais tempo do que o necessário. Os moribundos também amam. Querem se sentir vivos, potentes. Pegavam na mão, olhos úmidos, suspirosos. Ela fingia que ia pegar medicação, desconversava. Num de seus doentes, totalmente imobilizado, a virilidade continuava ativa e ela podia trabalhar. Os desdentados, ela beijava de boca fechada, não que sentisse nojo, não sentia, eles é que podiam ter vergonha. Muitos enfermos a levaram a chorar de emoção: os que morriam gozando; os que, de repente, se levantavam da cama, curados; os que se esforçavam, trêmulos, sem conseguir ereção. Cristal fazia de conta que não notava e lia, em voz alta, uma história qualquer. Ela gostava muito de contos com diálogos, pois podia interpretar as falas. E a sua escolha era absolutamente pessoal: uma vizinha, que era professora na faculdade, indicava e emprestava livros para que Cristal lesse e xerocasse. Quando estava sem pacientes homens para ajudar, aceitava ler para mulheres.

Manfredo, que detestava conversas longas, porque se perdia, não quis mais papo. Nem ouviu a mãe elogiar o amigo.

Cristal passou o dia de folga se preparando, cozinhando, arrumando a casa. Até ao cabeleireiro ela foi.

– Você está linda, mamãe. Uma artista de cinema.

– De cinema? Obrigada, meu filho.

Ela se olhou no espelho, há muito tempo não se interessava, de fato, por alguém, e se sentiu bonita mesmo, com os cabelos soltos, os olhos maquiados, e o vestido preto. Tomara que Manfredo se comportasse. Desde cedo, ele estava com aquelas esquisitices, não falou com ninguém, fechado, andando de um lado para outro. Ela temia pelo comportamento que pudesse ter. Queria tanto que tudo desse certo. Claro que explicara para o Coronel que seu filho era um pouco diferente, que não estranhasse se ele ficasse emburrado num canto.

– Filho do meu coração, por favor me ajude. Não banque o louquinho, está bem? Vá tomar seu banho e vista a roupa que deixei em cima da sua cama. Quero você elegante.

O Coronel achou simpática a casa coberta de hera, que ficou examinando, enquanto esperava a hora certa de apertar a campainha: toda a vila era aconchegante, com aquele piso de pedra irregular, as janelas pintadas de vermelho. Às oito horas em ponto, ele resolveu entrar. Manfredo cumprimentou-o com polidez, e sentou hirto, como se fosse ele o militar. Ficou naquela posição durante alguns minutos, levantou-se e saiu da sala. Cristal suspirou, aliviada.

– Bonito rapaz. Que idade ele tem?
– 15.
– Ele já sabe o que vai ser?
– Por enquanto, ainda não escolheu a profissão. Eu expliquei para você que Manfredo é considerado limítrofe. Ele não quis

estudar, mas adora ler, e me pediu para aprender violão. Talvez consiga se interessar por música. Não é, meu filho?

 Manfredo voltou para a sala e sentou no banquinho perto da janela, onde costuma ficar, olhando a rua. À mesa, comeu direito, sem a voracidade habitual. Não dirigiu palavra nem à mãe, nem à visita. Simplesmente comia.

 Mastigava devagar. Num determinado momento, quando Cristal falava do seu trabalho, o Coronel engasgou feio. Manfredo demorou a perceber que algo estava errado, o homem parecia que ia morrer.

 – Por favor, meu filho, me ajude. Levante o outro braço dele para cima e dê um tapa nas costas.

 Manfredo ergueu o braço, mas a força do tapa foi tão grande que o Coronel caiu de borco, no chão. Cristal deu um grito.

 – Como você foi fazer uma coisa dessas, Manfredo?

 Mas ele saiu da sala, se sacudindo de tanto rir.

 O Coronel se despediu, pálido.

 – Desculpe, Cristal, vou indo. Muito obrigado pelo jantar. Bom demais.

– Não quer um copo d'água?
– Não. Está tudo certo. Até breve. Eu telefono para você.

Ela pensou: esse não vai voltar nunca mais – acenou da porta. Era um chato, com toda aquela empáfia, querendo ser o dono da verdade. Arrotou sabedoria o jantar inteiro.

Daí em diante, ela nunca mais levaria um namorado para casa – prometeu-se. O filho ficou tão nervoso, tão atrapalhado. Cristal teve de pedir uma semana de férias para distrair Manfredo. E ficou surpresa: ele era muito parecido com o avô. Aquele estado constante de desinteresse pela vida, a mania de repartir o cabelo no meio, o jeito com que roía as unhas até sangrar. O psiquiatra disse que Manfredo era catatímico. Ela nunca entendeu o que era aquilo. Mas, agora, o filho estava com 18 anos. O que seria dele se ela morresse? Puxa, não podia nem pensar no assunto.

– Tente algum instrumento musical. Talvez seu filho encontre uma profissão.

Cristal resolveu alugar um violão e arranjar um professor. Manfredo ficou encantado. Fazia exercícios o dia inteiro, obsessivamente. Não queria nem ir para a cama.

Estudava, mudando os acordes sem parar, como se bastasse aquele som sem melodia que conseguia. De repente, não quis mais. Cansou do violão também.

– Eu gosto mesmo é de ficar na praça.

– Seu filho precisa trabalhar, Cristal, descobrir alguma coisa para fazer.

– Eu sei, cunhado. Mas o quê?

– Traga-o até o hospital. Talvez ele possa aprender a ser técnico em radiologia.

Cristal concordou. Mas não foi fácil convencer o filho. Manfredo não gostava de se afastar do bairro. E era manhoso. O radiologista ensinava uma, duas até três vezes, mas ele fingia que não conseguia aprender. Ria, por dentro, da insistência do sujeito, que lhe indicava o local de posicionar o aparelho de raio X. Aqui, está vendo? Aqui. Até que foi mandado embora.

– Um débil mental aprenderia coisa tão simples, Cristal.

Manfredo foi dispensado do serviço militar e a mãe se convenceu de que o filho dificilmente seria alguém capaz de sobreviver por conta própria.

– Já tentou matriculá-lo numa academia de ginástica? Ele é tão magro.

Adiantava que dessem palpite a torto e a direito? Manfredo precisava de carinho e compreensão. Só isso. Não havia necessidade dessa pressão toda. Daqui a algum tempo tentaria que ele aprendesse outro ofício. Aliás, mostrou um certo interesse por crianças: brincava com elas, enquanto as babás conversavam e sempre alguém o cumprimentava no *shopping*, no supermercado, no açougue.

Cristal teve de se ausentar por alguns dias, e quando voltou para casa levou um susto: Manfredo estava abraçado com uma menina, no sofá da sala.

– Mãe, esta é a Judite, minha namorada.

– Muito prazer – ela tentou encarar a moça, com naturalidade. – Você mora na vizinhança?

A moça não teve tempo de responder, pois Manfredo a puxava pela mão. Cristal pensou muitas vezes se ele seria um homem capaz de fazer sexo. A melhor explicação que ouviu foi de uma psicanalista do hospital que disse que alguns podiam, outros não. Felizmente, a namorada do filho não estava reclamando de nada. Que horas, quando e onde? A mãe ignorava a resposta.

Até que, ao sair do trabalho, deu de cara com um casal que a procurava.

– Dona Cristal?

– Pois não.

– Nós somos os pais da Judite.

Cristal não era muito rápida, mas percebeu que alguma coisa estava errada.
– Que Judite?
– A namorada do seu filho.
– Vamos sentar ali. É mais confortável.
– Judite está grávida – a mãe falou. – E ela é menor de idade.
Cristal quase deu um grito de alegria.
– Nós queremos saber o que o seu filho pretende fazer.
– Manfredo??
– Nossa filha não é normal, como a senhora deve saber. Não conseguiu aprender a ler e escrever. É moça recatada. Boa como só ela. Mas não sabe o que faz. Não pode ser responsabilizada de nada.
Cristal olhou para o casal, suspirou e disse:
– Eu só a vi uma vez, lá em casa. Não trocamos uma palavra. O que não tem remédio, remediado está. Então eles devem casar.
– Seu filho não trabalha, passa o dia na praça.
– Manfredo tem uns probleminhas, nada que não dê para ele casar, entenderam? Ainda vai escolher uma profissão. É tão jovem.
– Nós temos um sítio. Pensamos que eles podiam morar lá. Não é longe. Vinte quilômetros.

— Preciso conversar com meu filho. Vocês me pegaram desprevenida. Eu não sabia que eles tinham ido tão longe no namoro. Sinceramente, tudo isso é uma surpresa para mim.

— Queremos que o casamento seja no fim deste mês, para que ninguém perceba que ela está grávida.

Cristal concordou. Repetiu que falaria com o filho, e pedia muitas desculpas. Despediram-se com cerimônia, e ela voltou ao trabalho: estava atrasada para o curativo das cinco.

Manfredo esperava a mãe, nervoso.

— Que aconteceu? Você disse que os pais da Judite procuraram você.

— A sua namorada está grávida.

— Quê?

— Ela está esperando um filho seu.

— Meu?

— Exatamente.

— Mas...

— Vocês vão ter de casar.

— Quem?

— Você e a Judite. Os pais dela ofereceram um sítio, para vocês morarem.

— Eu não quero sair daqui. Adoro ficar na praça.

— Só até o nenê nascer, Manfredo. Depois você volta. A Judite é menor de idade. Você tem de casar.

Os jovens quase não saíam do sítio, por isso Cristal os visitava nos fins de semana. Manfredo mostrara especial talento para cuidar de horta, plantar flores e fazer mudas. Parecia feliz. E, por mais que ela sentisse saudades do filho, reconhecia que aquele tipo de vida era ideal para ele.

– Olha a barriga dela, mamãe. Não está enorme?

Judite sorria. A nora era tão doce. Não lia, mas fazia contas mais rapidamente do que a velha máquina de calcular. Cabia a ela administrar o dinheiro da casa e fazer as compras. Quando começou a sentir as dores, à noite, não disse nada para ninguém. A médica avisara que o primeiro parto podia demorar várias horas. Como Manfredo não tinha carta de motorista, ela decidiu chamar a mãe pela manhã. Acabou dando à luz de madrugada e ela e a criança morreram.

Os pais de Judite quiseram que o genro continuasse a morar no sítio. Cristal recusou. Preferia ter o filho em casa. Sentia tanto a sua falta.

Os anos se passaram, Cristal se aposentou, não queria mais ser enfermeira, mas os familiares dos pacientes vinham buscá-la em casa. Trabalhou até o dia de sua morte. Manfredo, aquele lá, está vendo? Não, aquele que está sentado no banco verde, acabou achando o que fazer: levar os cães dos prédios vizinhos para passear.

Na Praça Buenos Aires todos gostam dele, principalmente os pássaros e as pombas. A gente tem a impressão de que ele conhece algum segredo para se comunicar tão bem com todos.

Mania de Cinema

Para
Eglê e Salim

1 Prestem atenção e não me venham com lições de moral. Estou ótima. Este grupo me fez descobrir muita coisa que eu até preferia ignorar: quando se puxa o fio, o carretel corre, sabiam? Eu não devia ter começado. Apesar de ser uma pessoa frágil para enfrentar certos problemas, sempre encontro saídas honrosas. Vocês sabem. Talvez porque eu tenha sido educada para ser uma mulher do mundo. Meu pai era diplomata, fez questão que eu falasse várias línguas, aprendesse a receber com etiqueta, fosse aquilo que ele chamava de uma grande dama. Bela porcaria. Mas foi essa educação que me ajudou bastante no convívio com os amigos, no capricho com que arrumo as minhas mesas – só recebo elogios –, na maneira como sei lidar com os clientes. Tive, numa certa época, um empregado que me chamava de madame. Era um mulato alto e magro, o me-

lhor cozinheiro que já conheci. Fazia, em minutos, comidinhas deliciosas. Um dia o Lindonor, era esse o seu nome, se apaixonou por um português e foi embora. Lamentei tanto aquela perda. Eu gostava quando ele me pedia meia de náilon para sair. Era tão educado. Apesar dos meus quarenta anos bem vividos, devo confessar que me enganei, pois o cara era um bandido. Um dia vi a foto dele no jornal: um dos mais procurados assaltantes de bancos da cidade. Ele tinha trabalhado comigo apenas para ficar escondido na minha casa. Quem diria. Cada um com sua vida. Alguém quer falar, agora?

2 Certas situações deixam mal a gente. Eu não lembrava mais do meu primeiro namorado, quando fui homenageada numa feira de decoração, e alguém apareceu e, achando que ia abafar, perguntou:

– Quem sou eu?

Olhei para aquele rosto másculo, que me encarava.

– Alguma coisa me diz que eu conheço você, mas não estou localizando, desculpe, além do mais estou sem óculos.

Notei que a ruiva desbotada que estava ao lado dele deu um risinho de satisfação, como quem diz, essa-aí-não-sabe-quem-é-você.

– Pense. 1950 ou 51.

– Ah, meu Deus, Isso é muito longe. Me ajude. Você deve ter sido importante, pois reconheço o seu rosto – menti, descaradamente.

Não ter identificado o simpático enchia de alegria a mulher que o acompanhava. Ele continuava esperando reconhecimento. Eu devia estar ofendendo o cara, mas fazer o quê?

– E se eu disser meu apelido?

– Com certeza vai me ajudar.

– Gomalina.

– Por que não falou logo?

Ele tinha sido meu primeiro namorado. E, pelo que ouvia contar, era agora um excelente cirurgião. E mal-educado, me deixando naquela saia justa.

Ri, fiz charme para ele, e pedi desculpas pela ausência de memória. A ruiva, por sua vez, parecia radiante. Estava livre daquela Rebeca inesquecível. De hoje em diante ele não podia mais falar no amor da adolescência.

Quantas vezes tentei reconhecer as feições de ex-namorados. De alguns eu ficara com sensações – o bigode do aviador que raspava meu pescoço, por exemplo, o gosto salgado do meu primeiro noivo, que chorava de emoção cada vez que me beijava. Ele me deu aquela coleção de bonecas que enfeita meu quarto até hoje. Não consigo jogar fora, nem dar para ninguém. Assumo meu lado cafona, por que não? Ser decoradora da casa dos outros não me tira certos prazeres pessoais. Pelo contrário. Cria um diálogo comigo mesma.

A verdade é que a nossa memória vai ficando seletiva, e esquecemos gente, fatos e coisas. Ainda bem. Senão o que seria de nós? Ficar com as lembranças comparando tudo e todos? Cada um de nós tem sua maneira de ir ao cinema, de tomar banho, de gostar de alguém, de fazer amor. É ou não?

3 Temos falado tanta coisa. Vocês já sabem que eu sou doida por cinema. Tive um namorado que era louco por cinema também e me chamava de Eva Wilma, outro dizia que eu era a Tônia Carrero da vida dele. Devia se achar o Ingmar Bergman dos trópicos. Neurótico ele era. Ah, isso era. Assim que me viu toda apaixonada – eu

gozava só de pensar nele, de imaginar que ele estava na cama comigo, ai, meu santo, que língua, eu urrava de alegria – ele começou a dizer, não vou lamber você a vida toda, tá me entendendo? Não vou. Além do mais, você vai ficar feia, com a idade, seu cabelo é uma merda, e essa barriga aí pode crescer, você tem jeito de velha gorda. Rarará. Pretendo me cuidar bastante.

4 Marquito, o meu Marcello Mastroiani, um dos ex, diz por aí que eu sou a melhor fêmea da cidade, que eu posso ir pra casa dele quando eu quiser que ele me come com o maior prazer. Não pudemos ficar juntos por problemas financeiros, ele não tinha condições de acompanhar o meu padrão de vida, expliquei que não precisava, que eu ganhava por nós dois, mas o teimoso disse que só me queria por amante, que eu era a sua *belle de jour*, a sua Catherine Deneuve, que preferia me ver a sós e não cercada de homens querendo me paquerar. Por mais de dez anos fizemos amor. Ele era pobrinho, mas um príncipe de delicadeza. Esperava por mim pelado, nos dias em que eu ia lá, nem que

fosse uma vez por ano. Para não perder tempo, dizia e me abraçava gostoso, me envolvia como se eu fosse um pedaço perdido dele. Sem pedir nada em troca, nem reclamar das minhas ausências prolongadas. Catherine Deneuve, você não é pro meu bico. Tudo o que você me der é muito – ele me levava no colo para o quarto.

Tão diferente daquele neurótico, que me sabia aos pés dele, toda derretida, e que só pensava em me ofender.

5 Depois foi vez do Woody Allen de Copacabana, que também não tinha dinheiro, mas vivia reclamando a minha presença e me oferecia sempre "os mais lindos versos do planeta". Uma pasta assim, cheia deles, guardada no armário. Quando fosse famoso, e ia ser, podia estar certa, aí, sim, retribuiria as contas que eu pagava. E eu precisava de alguma coisa? Não, nada. Nunca escondi que adorava aquele Woody Allen carioca. Ai que tesão!

– Venha, poeta, apaziguar meu desejo, que eu beijarei seu corpo todo.

Ele prometia arranjar emprego, jurava enfrentar o batente por mim. Mas, qual. Caía em depressão no dia seguinte e não havia prozac que desse jeito nele. Saí de banda daquela relação, antes que virasse uma doença.

Os homens pensam que as mulheres devem a eles o gozo eterno. Bobagem. Quando a gente descobre o prazer de se entregar, pode amar qualquer um que souber fazer amor. Não demorou muito, encontrei o Roberto Rosselini da minha vida. Casamos e ficamos juntos vários anos.

6
Agora estou atravessando uma fase nova, depois que fiquei viúva. Preciso de companhia. A solidão me faz mal. Nos fins de semana, vou às compras pela manhã, volto, faço meu almoço, em geral sanduíche ou salada, detesto cozinhar, quer saber? À tarde, vou ao cinema se há programa bom e à noite assisto a filmes até duas horas da manhã. Teatro não me pega, odeio teatro. Encaro, no máximo, um musical.

Mas o que eu realmente quero contar: conheci alguém. Prestem atenção, amigos. Eu estava terminando a decoração de um grande *hall* num salão de festas, quando entrou uma figura estranha. À primeira vista pensei que poderia ser parente do dono, que eu sabia solteiro, algum elemento do escritório dele. A pessoa examinou tudo, fez perguntas sobre o trabalho e coisa e tal. A voz era rouca, tanto podia ser de homem como de mulher. A roupa? Ambígua: calça de couro, camisão aberto, solto. Usava o cabelo comprido preso com um elástico, brinco nas duas orelhas.

Sempre tive o maior orgulho de jamais ter ido para a cama no primeiro encontro. Eu, hem? Questão de princípios. Mas pagamos pela presunção. A figura ficou me olhando a tarde toda, dava uns risinhos esquisitos, batia palmas se gostava do vaso que eu acabara de arrumar. De repente, se aproximou e, sem mais nem menos, me imprensou contra a parede. Pode uma coisa dessas? Ele me prendeu e levantou a minha saia. Eu não podia gritar porque estava sendo beijada com fúria, nem respirar conseguia. Violentada assim, à luz do dia? Tentei me debater, mas pouco, viu? Afinal estava gostando demais, uma sensação nova, a maior tesão fora de hora. De repente, dei um grito de prazer. Acredita? Verdade. Gozei ali mesmo, pela mão de alguém que eu não conhecia e que ignorava se era homem ou mulher. Isso aconteceu há quinze dias. Não paro de lembrar. Adorei o personagem. Pode ser minha Diane Keaton, meu Al Pacino ou meu Dustin Hoffmann. Estou gamadérrima. Não sei por onde começar. Parece que inventei o personagem, que igualmente ignora quem eu sou. Pode? Não existe no mundo alguém mais triste do que eu, que me pensava infensa a paixões. Sonho com aquelas mãos. Eu que sou mestre em usar as minhas. Aquelas mãos foram feitas sob medida para mim. Não venham me dizer que inventei essa história. Não inventei, não. Preciso tanto de ajuda.

7 Um alívio estar aqui com vocês, para desabafar. Passei uma semana ótima, trabalhei bastante, assisti a vários filmes na tevê a cabo, coisa que não fazia há meses. Ontem era um com David Niven. Ele tinha cara de quem se sacrificava por amor, não tinha? Vi outro com Nicolas Cage, que homem, e aquela história terrível: *A Malvada*. Betty Davis estava esplêndida. E a Anne Baxter, hem? Nossa, minha mãe era parecida com ela. Atrás daquele olhar cândido... Vocês se lembram? Que filmaço. Os filmes de hoje em

dia não valem nada. Não chegam aos pés dos antigos. Mas o que eu queria mesmo contar é que recebi um bilhete. Está aqui, para quem quiser ver. "Espero você à rua da Consolação número tal, dia 25, às 17 horas. Saudades". Não está assinado. Que vocês acham? Quem assinou este bilhete? O que me espantou, em primeiro lugar, é que ele (ou ela) soubesse meu nome, pois não perguntou. Segundo: o número, acabei de passar por lá, é de um bar que meu marido e eu freqüentávamos, na rua da Consolação. Vocês acham que é uma brincadeira de mau gosto? Mas quem o teria mandado? Se foi um de vocês, me diga, por favor. Isso não se faz, com alguém sensível como eu, e só vocês conhecem meus segredos. Não me escondam nada. Já fiz um trato comigo mesma de não usar expressões que são lugares-comuns, como dizer meus nervos estão à flor da pele, mas é assim que eu me sinto, qualquer coisa me dá taquicardia, meu coração pulsa aqui na garganta, entenderam? Se alguém encostar, sem avisar, eu grito. Olhem estas mãos trêmulas. Pode um bilhete causar tanto dano? Ontem gozei dormindo. É normal? E hoje ainda é dia 12. Que devo fazer? Ainda faltam treze dias para o encontro.

8 Desculpem se não apareci da última vez, mas eu precisava me cuidar. Como estou? Podem olhar, minha dermatologista disse que ainda faltam alguns dias para se ver o efeito todo do botox. Melhorei ou não? Eu me sinto novinha. Quero ir ao encontro nos trinques. Falta pouco. Vocês não podem imaginar a minha ansiedade. Dei para achar que tem alguém me perseguindo. Ando cismada, pressentindo sombras estranhas, como se alguém estivesse me espiando. Deve ser de pura excitação, não acham? De repente, um bafo quente no pescoço me arrepia toda. Ou calafrios horríveis me levam a pensar que estou com febre. Acordo molhada de suor. Eu adoraria que o bilhete fosse do tal personagem. Não pintei o cabelo só por causa do encontro, não. Pinto sempre. Desde que os fios brancos começaram a aparecer. Não sou forte como uma amiga linda que não está nem aí para a cabeça branca. Prefere ser autêntica. Ela acha sacanagem pintar cabelos, fazer cirurgia plástica, esses truques. Diz que a gente é o que é. Tenho tido muitos pesadelos. Num deles, cada vez que eu me olhava no espelho, meu rosto mudava. Sensação terrível de quem não consegue se reconhecer –

vocês já experimentaram isso? Olhava e olhava e nada. Como se, cada vez, eu tivesse feito uma cirurgia plástica e me transformasse em outra pessoa. Será que foi o botox o culpado?

Faltam três dias. Três longos dias. Comprei roupa nova. Minha irmã perguntou se eu não tinha inventado tudo, imaginem, e lembrou que desde criança eu criava histórias e interpretava os personagens. Era tão convincente que a família pensava que eu ia ser atriz. Mas isso foi há tanto tempo. Cheguei a freqüentar um curso de teatro e fiz um teste para trabalhar numa peça. Mas fui mal.

9 Pois é, pessoal, aqui estou para me despedir. Acontece cada coisa. Vou contar como foi. Cheguei ao bar da Consolação às quatro e meia, trinta minutos antes do combinado. Quando saí de casa eu me sentia maravilhosa. Modéstia à parte, caprichei: roupa nova, cabeleireiro, maquiagem. Peguei uma mesa com visibilidade total, pedi um suco de tomate e lá fiquei, uma, duas, três horas: acreditam? Como eu já conhecia os garçons ninguém me pediu para sair. Chovia

muito, e o bar estava praticamente vazio. Naquelas horas eu fiz uma espécie de retrospecto, pensei no quanto eu tinha complicado minha vida, o fracasso que eu era, sempre confiei tanto em mim, no fundo eu não passava de um blefe. De repente me dei conta de quanto eu tinha esperado, e resolvi ir embora. Eu havia recebido o maior bolo da minha vida. E isso não se faz, não é mesmo? Por que me escreveriam o bilhete? Será que não existia ninguém interessado e eu inventei tudo aquilo, como acontecia antigamente? Eu estava demolida. Arrasada. Destruída. Todas as palavras que vocês quiserem.

Mas, no momento em que saí do bar, a surpresa: um cara se aproximou perguntando se podia me acompanhar. Eu tinha visto aquele Jeff Bridges sentado do outro lado, sozinho. Você também levou um bolo? – perguntei por perguntar. Ele confirmou. Vivia separado da mulher, estavam esperando o divórcio sair, e ela ia apresentar para ele o namorado, pois ficaria com os filhos e seria tudo mais fácil se, "civilizadamente", signifique isso a porcaria que significar, eles se conhecessem.

Depois de alguns quarteirões Jeff Bridges me convidou para jantar. Compensaríamos nossa infelicidade com uma boa comidinha, etcetera, etcetera. Ponham etcetera nisso.

    Decidi ir morar em Curitiba, onde ele tem uma loja de móveis e decoração. Vamos trabalhar juntos. Não é fantástico? Ele diz que eu sou a sua Fanny Ardant. Pode? Ele tem uma coleção de vídeos de causar inveja. Podem pensar no provérbio que quiserem. Depois da tempestade... Existem dúzias deles. Não cito nenhum porque acho de mau gosto. Até um dia, pessoal. Se desta vez não der certo, eu me mato.

Nojo

Para
Wilson e Carol

— Nossa, vovó, que chiquê.
— Você acha?
A neta olhou-a atentamente.
— Salto alto e meia. Você não é disso.
— Imagina. Sempre gostei de me arrumar para sair.
— Aonde você vai?
— À Praça Vilaboim.
— Aí tem coisa.
— Bobagem, Gabi. Vou encontrar um amigo.
— Agora estou começando a entender. Um homem.
— Ora. Não posso ter um amigo?
— Pode, claro. Você ainda é bem bonita, sabia?
Ela se olhou no espelho.
— Quem me dera. Na minha idade, a gente foi bonita.
— Não vem que não tem: você está ótima.

Eleonora gostou da sua imagem.
— Obrigada.
— Seu amigo, esse que você vai encontrar, é ...
— Idoso como eu. Foi meu...
— Por que parou? Diga. Parece que você se arrependeu de alguma coisa.
— Nada. Eu ia dizer contemporâneo, na faculdade, mas achei que a informação não acrescentava nada.
— De fato. Como ele era?
— Quem?
— Esse seu amigo. Como é o nome dele?
— Igor. Em homenagem ao Stravinsky. A mãe dele era pianista.
— E daí, era alto, baixo, gordo, magro?
— Não sei. Não o vejo há quarenta e tantos anos.
— Se meu pai tem quarenta e cinco, deve ser mais.
— Com certeza. Credo. Nem me lembrava da idade dele.
— Ah, vovó. Você está muito esquisita. Esquecer a idade do seu filho!
— Não esqueci. Só não pensei no assunto.
— E a minha, você sabe?
— Claro. Não estou gagá nem esclerosada. Ainda.

– Gracinha. Ele faz o quê?
– Quem?
Gabriela bufou.
– O Igor, vó.
– Ah, ele é (ou era) empresário.
– Rico?
– Era. Não sei se continua.
– Como é que você encontrou o cara?
Na expressão de Eleonora, um certo triunfo.
– Foi ele que me telefonou, semana passada. Um encontro da nossa turma. Eu não queria ir, mas não teve jeito.
– Quem mais vai?
– Não sei. Ele citou umas cinco pessoas. Perdi o contato com todo mundo.
– E com ele, não?
– Ora, Gabi. Ele me descobriu pela lista telefônica.
– Sei. Essa roupa é de seda?
– É. Roupa boa não sai da moda.
– Sai, sim, vó. Mas agora retrô é *fashion*. Eu adoraria assistir a esse encontro.
– Bobagem. Que é que dois velhos podem fazer?
– Você não disse que eram vários?
Eleonora tossiu. A neta insistiu na pergunta.
– Pois é. Sejam quantos forem. Nós, tenho certeza. O resto...

— Vovó, eu acho que você está me escondendo alguma coisa.

— Não estou, Gabi. É um encontro de gente que não se conhece mais. Nem sei por que aceitei ir, sinceramente.

— Onde vai ser?

— No café.

Eleonora escolheu uma camélia branca e prendeu no decote.

— Ah, não, vó. Essa flor aí está demais. Tira. Você acha que todos vão se reconhecer?

— Não sei, querida. A gente descobre quem é quem – a avó guardou a camélia – quando estivermos frente a frente.

— Que horas é o encontro?

— Cinco. Gosto de me arrumar cedo, com calma, senão fico nervosa. Sou igual a minha mãe. Quando ela tinha de ir a algum lugar, já se levantava pronta.

— De quem você se lembra desse seu grupo?

— Você acredita se eu disser que me lembro de todos? Mais do Igor, claro.

— Ele devia ser um gato!

— Um cafajeste, isso o que ele era. Preciso ir ao banheiro. Já volto.

Eleonora sabia que tinha ficado nervosa.

— Cafajeste? Que é isso? – a neta falou alto, para que a avó escutasse.

— Um sujeito canalha, infame — ela quase berrou.

— Do mal. Entendi. Se não gosta dele, vó, por que você vai? Ele magoou você?

— Muito. Não só a mim, mas a várias colegas. Era um conquistador daqueles — Eleonora voltou para a sala, falando entredentes.

— E você, vó, foi apaixonada por ele?

— Fui. Como as outras. Mas algumas ficaram grávidas. Não sei quantos filhos ele teve. Quantos são irmãos sem saber. Talvez hoje a gente não toque no assunto. Que muitas gostariam de conhecer a verdade, ah, como gostariam!

— Irmãos? Não entendi. Várias meninas ficaram grávidas? E tiveram os filhos? Imagine. Esse encontro vai ser uma barra.

Ninguém se atreveria a falar no assunto — a avó pensou.

— Quero detalhes, vó. Pensei que, naquele tempo, vocês nem davam.

— Imagine. Um dia ele apareceu casado, deixando todas, que nos envolvemos com ele, na mão.

— Os homens não usavam camisinha com as namoradas?

— Exatamente.

— E o que faziam as grávidas?
— Não sei.... Difícil dizer. Os abortos, naquele tempo, eram terríveis. Uma amiga minha morreu.
— Nossa. E ninguém fez nada?
— O pai moveu ação contra o médico. Mas de que adiantou? A filha não ia voltar mesmo.

As duas ficaram em silêncio. Eleonora lembrou da amiga, no caixão.
— E esse anel... De onde saiu?
— Não uso há anos. Lindo, não é? Ganhei do seu bisavô, na formatura.
— Lindo é pouco. É lindíssimo.
— Você vai receber de herança.
— Verdade? Não acredito.
— Experimente.
— Está meio larguinho, mas é chocante. Cabe aqui, ó, neste dedo.
— Que horas são, Gabi?
— Três horas. Preciso sair correndo. Mamãe está me esperando na galeria. Vou telefonar mais tarde para saber como foi o encontro.
— Certo, querida. Um beijo. Tchau. Beijo para sua mãe. Bati a porta sem querer, viu? Não foi de propósito. Adoro você.

Eleonora fechou as janelas e as portas dos armários. Precisava dar um retoque na cara, está quase na hora de sair, sentiu dor de estômago, encontrar aquele filho da puta, isso o que ele sempre foi, não era nada fácil. Fora apaixonada por ele, sim. Fizeram amor, muitas vezes, e planos. Um dia ela descobriu que estava grávida. Ia contar, no próximo encontro, e ele não apareceu. Casava-se naquela tarde – a mãe leu no jornal. Que surpresa, minha filha. Seu namorado se casou com outra! Eleonora, sem alternativa, aceitou o pedido do primo Carlos: em vinte dias também estava casada. Casamento que durou quarenta e seis anos. Até hoje não sabe dizer se foi feliz ou não – entrou no elevador. Talvez tenha sido. Acostumou-se a não fazer exigências e a não dar importância aos resmungos do marido, quando ela se negava a sair de casa (ainda é louca por novelas e ele tinha horror de televisão) ou se ficava furioso por ter sido interrompido na sesta ou na leitura dos jornais diários. Carlos era um chato, mas nunca a traiu. E trabalhava demais, coitado, na gráfica que herdara do pai, até que resolveu vendê-la: não tinha capital suficiente para enfrentar as novas imposições do mercado. À maneira deles, foram companheiros um do outro. Só lamentaram mesmo nunca ter feito uma viagem para fora do país: não realizaram o velho sonho. Primeiro, porque ele não podia se ausentar da gráfica, depois porque os médicos não permitiam. Morreu apertando sua mão. Ela não pode negar que sente falta do marido. Apesar de tudo.

Igor nunca soube que era o pai do seu filho. Nem este soube que Carlos não era seu verdadeiro pai. Para quê? Ele foi criado com muito amor, cresceu sem nenhum trauma, casou-se apaixonado e lhe deu Gabriela, essa neta linda e doce, a Gabi. Nada lhe deu mais prazer nesta vida do que ver o filho alegre, casado, cuidando da filha. Pronto. Está na hora. Vai andando. Em quinze minutos chegará lá. Cadê a chave? E a foto? Esqueceu? Precisava tomar cuidado, pois não estava mais acostumada a usar salto alto. Andaria beirando os muros e grades para se amparar. Ela não devia ter aceitado o encontro, quer saber? Não devia.

– Boa tarde, como está? – gostava daquele jornaleiro. – Tudo bem em casa?

Ela atravessou a rua quase correndo. Se havia uma coisa que ela não suportava era a idéia de ser atropelada. O falecido dizia que ela costumava olhar para o lado errado. Lá estava o café – que taquicardia era aquela?

Será possível que aquele encontro mexia tanto com ela ? Quem estava com ele?

— Como vai, Igor? — estendeu-lhe a mão.

— E você, Lu? Quanto tempo!

Eleonora sentou, sentindo o coração bater forte. Sabia-se examinada pelos dois e sentiu falta da camélia. Agora era ela que ia examinar os colegas. Lu fizera várias plásticas, tinha o rosto deformado pelas esticadas, mas continuava magra e elegante. E Igor, curioso, parecia tão frágil, na cadeira de rodas. Não lembrava em nada o amor que ela guardara na memória, a não ser pelos olhos claros. Estava gordo. Enorme.

— Vem mais alguém? — ela perguntou por perguntar, para puxar assunto.

— Convidei quem eu pude encontrar o número do telefone. Foi difícil. As mulheres mudaram de sobrenome e muitos colegas nossos já morreram.

— Eu não mudei o meu — Lu sorriu. — Nem se tivesse casado eu mudaria. Você me achou logo.

— O colégio me pediu para reunir alunos e programar as comemorações dos setenta e cinco anos do colégio. Não esqueci de vocês. Acompanhei todos, de longe.

Que ironia – Eleonora pensou. Por que não diz logo as mulheres que eu traí?

– Como está a sua vida, Igor? – Lu perguntou.

– Vai indo. Estou nesta cadeira porque caí no banheiro e quebrei o fêmur. Não tenho quem me ajude. Tive dez mulheres e, na hora em que mais preciso, estou sozinho.

– Ah, meu amigo. Você fez por merecer, não acha?

– Sempre superestimei as minhas mulheres. Mas nenhuma foi inteligente. Meu pai era muito namorador e minha mãe, quando descobria mais um caso, limitava-se a balançar a cabeça. Ela sabia que ele logo voltaria para casa. E esperava.

– Sua mãe era exemplo do que você chama de mulher inteligente? – Lu riu.

Ele fingiu não ver.

– O que eu lamento mesmo é não ter tido herdeiros. Eu queria tanto ser pai. Se alguma das minhas esposas tivesse me dado um filho, eu seria um homem feliz. Não tenho para quem deixar meu dinheiro.

– O mundo está cheio de instituições culturais ou de caridade, esperando doadores.

– Você tem algum neto, Eleonora?

– A Gabriela.

— Ela é parecida com você? — Igor perguntou.

— Bastante. Você pode julgar por si mesmo. Ela acabou de entrar aqui com a mãe.

Igor se voltou para olhar.

— Não sei qual das duas é mais bonita.

— Obrigada — Eleonora corou. Onde já se viu um disparate daqueles? Não é que nora e neta vieram bisbilhotar?

Gabriela aproximou-se da mesa.

— Oi, vó. Viemos tomar um café.

Eleonora apresentou-a, sem jeito, e a neta voltou para a companhia da mãe.

— Parabéns. Você deve ser uma pessoa muito feliz. Quem tem uma neta como essa não necessita de mais nada.

Ela fingiu que não ouviu.

— Como é que você sabe, Igor, se teve ou não filhos? — Lu estava disposta a atacar o antigo colega.

Ele deu uma boa risada.

— Se alguma mulher ficasse grávida ia me achacar imediatamente.

— Você acha? — Eleonora ousou perguntar.

— Sem exceção. Imagine. Fui tão tungado.

A conversa foi interrompida com a chegada de mais dois colegas, e tomou outro rumo. Eleonora tirou a foto de formatura da bolsa. Todos riram e contaram casos. Por mais de noventa minutos, o sentimento da amizade os uniu. Fizeram planos para a festa da formatura. Cada um se encarregaria de achar outros companheiros. Os ex-colegas prometeram se esforçar para a festa do colégio, e se retiraram. Só os dois permaneceram ali, sentados. Igor esperava o motorista, que já devia ter chegado.

Eleonora, por sua vez, viu que a nora e a neta se foram – que alívio. Não estava à vontade com as duas ali, de patrulha. Como se ela fosse fazer alguma coisa errada. De repente, sentiu a mão de Igor pousar na sua perna.

– Que absurdo. Como você se atreve?

– Lembro muito bem de como a sua pele era fina. Agora que você está viúva, que tal ir me visitar?

Eleonora afastou a mão dele, com raiva.

– Eu tenho nojo de você.

– Não sou aleijado – ele continuou. – Isso aqui é transitório. Continuo tão bom de cama como antes.

Eleonora se levantou.

– E sem-vergonha, também.

Igor olhou para os lados.

– Por favor, fale baixo. Lá está o meu carro. Você pode empurrar a minha cadeira? O motorista não pode parar na rua.

Por alguns segundos, Eleonora hesitou. Mas decidiu empurrá-la. E o fez com tanta força, que ele se estatelou no chão, ao descer a guia.

– Um monte de carne podre, isso o que você é – ela cuspiu nele, riu alto, para quem quisesse ouvir, deu-lhe as costas e tomou o caminho de casa.

Rua da Praia

D. Marieta, essa senhora que acabou de sair, costuma levar os dois cachorros para passear todas as tardes, naquele carro de bebê. Em geral, eles ficam sentadinhos, olhando a paisagem. A fêmea sempre usa um laço de fita, que varia na cor e no tamanho.
– Tudo bem, Nestor?
Ela mora no apartamento 101 do prédio desde que foi construído. Os filhos e netos aparecem duas vezes por ano: no aniversário dela e na véspera de Natal. O resto do tempo ela vive com os cachorros e recebe algumas amigas, de vez em quando. Se vai ao cinema, contrata uma babá por hora para cuidar dos cães, pois tem medo de que se sintam abandonados. D. Marieta sofreu muito após a morte do marido, coronel empertigado e mal-humorado, que não cumprimentava ninguém. Apesar de ser ainda uma mulher bonita, não mais se relacionou com homem nenhum,

ignorando, inclusive, os olhares ansiosos do vizinho do prédio ao lado, que é viúvo e solitário como ela. Também pudera: uma semana depois do sepultamento do coronel, apareceu-lhe um filho bastardo, de mais de 50 anos, reclamando da viúva seus direitos de herança. Imagine o susto. Nunca o coronel tinha mencionado esse filho que, certamente, fora feito antes do casamento. Passada a raiva, D. Marieta fez esforço para aceitar a fatalidade até que o sujeito resolveu exigir a venda do apartamento porque precisava de dinheiro. O advogado Moreira, inquilino do 801, vai defendê-la. Moram ainda no edifício o casal de professores universitários no 201, a cantora lírica no 501, o general aposentado no 301, o comerciante – dono daquele armarinho, virando a esquina, sabe qual? – no 401; um casal de atores, dois filhos pequenos, no 601. Eu comprei o sétimo andar e sou o síndico atual do prédio.

Maria Alice Mendes vivia no 901, que está para alugar. Era filha do Dr. Polidoro, médico de prestígio que um dia se apaixonou por uma colega e se separou da mulher. Quando ele casou de novo, ela já se enamorara de um arquiteto italiano e se mandara para a Europa. A moça ficou aos cuidados de uma tia que a visitava quase diariamente e tomava providências para que nada lhe faltasse: contratava empregadas e professoras, fazia as compras, mas vivia na sua própria casa com o marido. A jovem não era retardada, apenas aprendia mais lentamente. Mês passado Maria Alice ia completar vinte anos, acho, caiu do nono andar bem aqui na entrada do prédio. O médico legista descobriu que estava grávida.

Eu sou dentista e solteiro. Não gosto de ler histórias policiais, portanto não sei criar cenas de suspense – viver cada dia nesta cidade e continuar vivo já é uma aventura.

Vocês me pediram para falar o que eu sei... Lamento contar a história da Maria Alice. Talvez fosse melhor eu não contar nada. Tanta gente já veio ver o apartamento. Mas qual é o imóvel que não tem seus segredos? Ela era encantadora: olhos puxados, cabelos pretos, tez pálida, a mais pálida que eu já vi, nariz um tanto arrebitado. Tímida, risonha, fala mansa, estatura mediana. Adorava ler, mas a sua maior alegria era mesmo o computador, pois se comunicava com a mãe, com o pai que se mudara para o sul, e com o mundo. Fizera muitos amigos pela internet.

Como é que aquela criatura que não saía de casa sozinha conseguira engravidar? Como?

A empregada não dormia na casa. Entrava por volta de sete horas da manhã e saía no final da tarde. Não viu nem ouviu nada. A acompanhante noturna costumava chegar ao redor das oito e esperava a outra para ir embora. Também não sabe como aquilo foi acontecer. Maria Alice ficava só apenas duas horas, se tanto, por dia. E foi nesse período que o corpo dela foi encontrado no jardim.

O prédio se chama Hemingway e várias pessoas me perguntaram se o nome foi dado em homenagem ao escritor. É provável. Ele fica recuado uns dez metros no jardim, que anda meio descuidado porque estamos sem dinheiro no condomínio – aquelas grades de ferro foram colocadas mês passado e consumiram o saldo.

Quem primeiro viu o corpo estirado no chão foi D. Marieta, ao voltar de um passeio com os cães. Ela ficou tão abalada, parecia que tinha perdido um parente. As duas se visitavam, Maria Alice gostava de brincar com os bichos e eles com ela.

– Minha vida melhorou muito com a internet, Dr. Nestor. Agora tenho amigos em todo o país – ela me disse.

— Não é perigoso, não?

— Perigoso, por quê? Ninguém sabe onde eu moro.

— Volte amanhã para fazer uma limpeza nos dentes.

Maria Alice sorriu, prometendo ensinar-lhe a usar a internet. Imagine, retardada ela? Podia ter dificuldades em freqüentar a escola, não saber andar pela cidade, tão medrosa, nem conseguir reconhecer ruas e prédios, mas que simpática.

De posse do computador da moça, o Delegado encarregado do inquérito tentou achar pistas. Curiosamente, todas as mensagens enviadas e recebidas tinham sido apagadas. E nenhum disquete foi encontrado pelas empregadas. Numa folha de papel amassada, um nome: Jonas. Alguém sabia quem era? Ninguém. O porteiro garantiu que apenas pessoas conhecidas passaram pela portaria, naquela tarde. Que não saíra do posto a não ser para ir ao banheiro. Que a vítima fora ao dentista. Que a empregada fizera compras de supermercado, voltando cheia de sacos nas mãos. Ele a ajudou, chamando o elevador e abrindo a porta.

Não costumo julgar as pessoas, mas, sinceramente, não gostaria de estar na pele dos pais. Que sentimento de culpa! Como é que Maria Alice ficou grávida? Remoeram a pergunta, sem resposta, e procuraram nas gavetas, nos armários, em toda a casa alguma coisa que denunciasse a paternidade. De repente, numa caderneta, a mãe descobriu anotações de alguns endereços eletrônicos. E os pais se puseram a procurar *sites* e a mandar correspondência para todos, dizendo que escreviam em nome da filha, que queria receber notícias de cada um. As respostas foram poucas, alguns endereços eram de firmas comerciais. Até que, finalmente, um tal de Jonas se comunicava. "Gatinha, por que você não abre mais a janela? Cheguei de viagem, há três dias, louco para ver você, e a sua cortina sempre fechada... Estou com saudades. Jonas."

Um vizinho? Aquela mensagem deixou os pais surpresos. Não sabiam o que fazer. Depois de muita ponderação, reconheceram que Maria Alice sempre foi muito parecida com a mãe e que ela poderia, talvez, fazer de conta que era a filha. Cortina entreaberta, ela se postaria diante do computador enquanto o pai tentaria sondar nos prédios vizinhos quem seria o amigo, ou namorado, que escrevera para a filha. No primeiro e no segundo dias, nada aconteceu. No terceiro, no último andar do prédio do outro lado da rua, um menino se debruçara na janela, como se estivesse olhando para o apartamento. A mãe de Maria Alice, que era muito magra, tinha vestido uma roupa da filha e penteado o cabelo como ela, com uma trança.

— As possibilidades eram tão poucas, Maria Alice não podia conhecer alguém que as empregadas ou as professoras das aulas particulares não soubessem. Como, então? Me diga. Estou ficando louco — o pai desabafava.

— Alguma coisa está errada e não sabemos o quê. Ou as empregadas não querem contar, sentem medo, sei lá.

O Delegado, depois de entrevistar os moradores do prédio, resolveu investigar todos os visitantes dos apartamentos nos três últimos dias de vida de Maria Alice. Imagine os problemas dos moradores para chamar os amigos e explicar o aborrecimento. E o Delegado já desanimava, quando o ator do 601 telefonou para dizer que tinha esquecido de relacionar Jonas, um ator que iria trabalhar na sua próxima peça. Não se lembrava se ele estivera com ele naqueles dias. Como vinha sempre, não prestava mais atenção.

Jonas Manfredi não era anão, mas quase. Vinte e três anos e um metro e cinqüenta e três de altura. O físico dificilmente o ajudaria na profissão. Os pais fizeram de tudo para que ele aceitasse, pelo menos, um cargo na firma.

Jonas foi conversar com Maria Alice, sua melhor amiga.

– Estou escrevendo uma peça. Eu adoro teatro, Maria Alice. Eu seria muito infeliz, na fábrica.

– Você pode escrever nos fins de semana. Tente agradar seu pai.

– Está bem. Farei uma experiência, só uma experiência. Como é que eu vou ver você?

– À noite. A empregada dorme como uma pedra.

Você me manda um *e-mail*, entra pela garagem, visita antes seu amigo, para despistar o porteiro, e eu fico esperando.

Agora, a caminho da Delegacia, Jonas lembrava de tudo isso.

– Onde o senhor estava no dia da morte?

– No nordeste. Fiquei fora quase dois meses, visitando clientes da fábrica de meu pai. Eu soube da morte da Maria Alice ontem.

– Qual era a sua relação com ela?

– Era minha melhor amiga.

– Você sabia que ela estava grávida?

– Grávida? – Jonas empalideceu.
– Exatamente.
– Não. Não sabia. Coitada.
– O que você acha que aconteceu?
– Não sei. Não sei mesmo.
– Você escrevia e recebia *e-mails* enquanto estava fora?
– Aqui, sim. Lá, não. Andei viajando o tempo todo. Nos dez primeiros dias ainda consegui entrar em um ou outro *cyber café*. Depois, percorri quase dez mil quilômetros, cada dia numa cidade, em pleno sertão, sabe como é. Chegava tarde, dormia, e no dia seguinte visitava os clientes e me mandava para a próxima cidade. A fábrica do meu pai vende tecido para centenas de bazares. A primeira e última viagem do gênero. Não quero mais saber daquela fábrica.
– A moça apagou todos os *e-mails* recebidos e enviados. Você sabe por quê?
– Ela tinha mania de apagar tudo. Nunca entendi. Não guardava nada.
– Você é o pai?
– Como assim?
– Você pode ser o pai da criança que ela estava esperando?
– Eu? Bem... Nós "ficamos" algumas vezes.
– "Ficaram"?

– O senhor sabe, não é? Ela nunca se incomodou com a minha altura, como as outras moças.

– Todos me disseram que ela era meio retardada.

– Imagine. Ela era apenas lenta. Tinha lá seu jeito de entender as coisas. Se o delegado a conhecesse... Tão boazinha. Tão gentil. Era capaz de delicadezas incríveis. O senhor não sabe como estou triste com isso tudo. Ontem mesmo, olhando para o apartamento dela, parecia que eu a estava vendo no computador.

– Você acha que ela se jogou?

– Sinceramente? Não. Talvez se estivesse desesperada... Eu casaria com ela. Palavra de honra.

– Ela não escreveu para você?

– Não. Mas ninguém comunica um assunto desses por *e-mail*. Fala-se pessoalmente, não acha?

O Delegado não queria aceitar a versão de suicídio. Alguém estava mentindo. Ou escondendo algo.

E foi impressionante como ele conseguiu resolver o caso. Uma surpresa para todos.

Para começar, pesquisou a vida da acompanhante noturna, descobrindo que ela trabalhava de dia com uma senhora idosa, por isso dormia tão profundamente e nunca notou as visitas de Jonas à amiga. Precisava sustentar um filho de sete anos e a mãe entrevada. A ficha de serviços era limpa. Não devia ser culpada.

A empregada, sim, que santa do pau oco. Era amante de Giba, o taxista que levava Maria Alice ao meu consultório e depois subia com ela até o apartamento. Naquela tarde, ele não passou pela portaria, entrou direto pela garagem, como fizera em outros dias. O zelador se lembrou disso, por acaso, no momento que o taxista veio ao prédio, uma noite, buscar a namorada.

Avisado, o Delegado apertou tanto os dois que eles acabaram confessando. A empregada confirmara que tinha ido ao supermercado, enquanto Maria Alice fora ao dentista e que demorou mais do que de costume.

– Não sei o que me deu, doutor – o taxista baixou a cabeça. – Ela estava no sofá. Perguntou se eu não queria sentar também. De repente, senti aquela vontade de agarrar a moça, ela correu e subiu no parapeito da janela, ameaçando se atirar se eu me aproximasse. Eu gritei – cuidado! Ela se assustou e caiu. Eu não tive culpa, o doutor entendeu? Não tive.

Agora, o apartamento está à venda. Tem bom astral, apesar dos pesares. Viver ficou muito perigoso mesmo. A gente ouve cada história.

Ela e Ele

Se ele disser boa-noite, passarinho ela se levanta e vai embora. Não permitirá alusões ao passado. Aceitou o encontro para devolver as cartas. Nada mais. E foi para casa mais cedo, queria tomar um banho e se arrumar, há anos eles não se viam, escolheu um taier preto, roupa de velório, a filha reclamou, você vai se encontrar com aquele ex-colega ou assistir ao enterro dele? Ela hesitou em trocar tudo, dos pés à cabeça. Desistiu. Aquele encontro já era uma despedida. Um oi e um tchau.

Muitas vezes relera a correspondência trocada. Tinha cópia da sua e da dele, só para não manusear as originais. Enternecia-se tanto. Isso foi antigamente, porque hoje seu lado sentimental se revelava ao assistir a filmes, chorando por qualquer bobagem. As cartas não significavam mais nada.

O encontro era às seis horas, no bar do apart-hotel onde ele morava, pois estava separado da quinta mulher. Os casamentos não davam certo porque ele devia ser um neurótico daqueles que ninguém agüenta.

Os dois se conheceram quando ambos trabalhavam no jornal. Ela cobria cultura e ele esportes. Ela sonhava publicar suas entrevistas e ele os seus poemas. Gostavam de discutir o que liam, saíam em bando com os colegas para tomar chope nos bares de Ipanema, a vida profissional lhes sorria. Como namorados, brigavam sem parar. Ela casou com um primo, teve a filha. Ele começou a série de ligações e casamentos. Hoje, ele é um poeta conhecido, publicou vários livros, e ela não fica atrás. Tem sete títulos. Cada um seguiu a sua trilha.

O bar do hotel estava escuro. Fechado? – pensou em procurar alguém da portaria. Mas ele a tinha visto lá de dentro e veio buscá-la.

– Que escuridão. É assim mesmo? Como vai?

– Agora estou melhor, porque você chegou. Que quer tomar?

Ela quis responder que não bebia, mas aceitou uma cerveja. Acostumava-se com a penumbra, olhou-o de lado, como quem não quer nada. Os cabelos ficaram grisalhos, e continuava com os dedos amarelos de cigarro.

Ele notou que ela o examinara, e sorriu. Nada estava perdido, ainda.

— Conte tudo, de uma vez.

— Contar o quê? — ela ficou sem jeito.

— Tudo.

— Comece você.

— Bom, me separei de novo. Estou morando aqui. Sustento quatro filhos e não tenho dinheiro para nada. A revista paga pouco e de direito autoral de poesia ninguém vive, como você sabe. Faço tradução para me equilibrar — acendeu o cigarro.

Ele tem os dedos curtos, mão gordinha. Ela se lembrou que... Não vou pensar em nada disso. Não vou. Mas foi a doçura daquela mão que a conquistou.

— Não posso me queixar da sorte — ele continuou. Tive um enfarte e comi todas as mulheres que eu quis. E você?

— Fiquei viúva. Minha filha vai fazer vinte anos.

— Viúva e bonita desse jeito? Já deve ter fila de...

— Imagine. Continuo trabalhando no jornal, que está agonizando, e qualquer dia fecha. Enquanto isso não acontece...

— Algum namorado? — ele lhe interrompeu a frase.
— Nem pensar. Não tenho tempo.
— Tempo?
— Exatamente: tempo. E vontade. Não tenho mais paciência com homem.
— E com mulher?
— Ainda não experimentei.
— Se você continua a gostar de fazer amor do jeito antigo, devia tentar.

Ela corou. Ele não tinha direito de falar em certos assuntos. Não tinha mesmo. Melhor que se levantasse.

— Desculpe. Foi uma lembrança repentina.

Ela voltou a sentar. Conversaram durante uma hora e ele se aproximava cada vez mais no sofá. O garçom repetiu a cerveja e a vodca.

— Um brinde ao que nós já fomos.

Ela riu.

— Se é que o que nós já fomos mereça qualquer comemoração. Dois fodidos numa redação pífia.

— Que se amaram, passarinho. Isso sim é importante. Beije a minha mão.

— Quê?

Aquilo era uma tremenda intimidade. Quem lhe deu o direito de...?

— Deixa de ser boba. Use e abuse. Você merece. Já está bem grandinha para bancar a mocinha ofendida. Olha para mim. Prefere subir?

— Não. Obrigada. Ainda sou romântica. Não consigo me ligar a ninguém sem amor. Desculpe. Quando vi você, de novo, senti saudade, não vou negar. Saudade do tempo em que gostava de você. Do tempo em que você me mandava poemas.

— Vi sua foto numa revista cafona. Tive uma recaída.

— Para que você quer as cartas?

— Para publicar. Meus melhores poemas estão nas suas cartas.

— Eu não admito que você...

— Não vou dar nomes.

— Os poemas não são bons. São eróticos demais.

— O erotismo está na moda.

— Não permito que minhas cartas sejam publicadas. Todo mundo vai saber que são para mim.

Ele molhava os dedos na vodca e lambia um por um. De repente se levantou para ir buscar mais uma dose e ela aproveitou para ir embora. O encontro deu o que tinha de dar. Talvez eles se encontrassem de novo. As cartas ainda serviriam de pretexto, guardou-as na bolsa, e, rindo, foi esperar um táxi.

— Você não vai assim, sem mais nem menos. Venha comigo. Vou pegar meu paletó e a gente sai.

Ela tentou negar.

— Confie em mim. Venha. É rápido.

No elevador, o garçom se colocou entre os dois.

— E essa revista *A Semente* onde você trabalha, é legal?

— Dois fotógrafos, alguns colunistas contratados. O resto eu escrevo. É distribuída num supermercado da Barra. A vantagem é que não preciso ficar em nenhuma redação. Desenho as páginas e mando ver. Minhas reuniões de pauta são sempre em restaurantes ou bares.

— Tudo o que você pediu a Deus — eles riram.

A porta do elevador abriu e eles foram até o apartamento.

— Espero aqui.

— Pode entrar, gatinha. Não mordo. Nem sou mais o mesmo. Pendurei as chuteiras, viu?

— Ver para crer.

— Troco de roupa num minuto.

Ela sentou em frente ao computador.

— Posso abrir meu *e-mail?*
— Claro.

Ela ouviu que ele estava tomando banho. Nenhuma mensagem nova. Fechou. Quando ia desligando o computador, notou um ícone com o seu nome. Clicou. Quantos arquivos. Fotos que eles tiraram há vinte e tantos anos atrás, tão jovens ambos, e bonitos, fotos dela em lançamentos de livros. Cartas. Ele tinha os poemas, o sem-vergonha. Então, por que a chamou? Todas as cartas dele estavam datadas, menos uma, que, aliás, ela nunca lera. Uma baita dor de cotovelo.

Ele chegou por trás, embrulhado na toalha de banho, e colocou seu rosto bem colado ao dela para ler o que estava na tela.

— Pronto. Agora você sabe de tudo.
— Tudo o quê?
— Que eu não esqueci você, que durante todos estes anos fiquei colecionando notícias e fotos.
— Para quê? Você deve ser muito doente.
— Sempre esperei que você me procurasse. Venha, sente aí na beirada da cama. Eu sento aqui, na sua frente. Nossa ligação foi forte demais para acabar completamente. Achei que você ia se arrepender e voltar para mim.

— Sinto muito. Fui apaixonada por você, mas não tinha estrutura para suportar a sua neurose.

— Você foi feliz?

— Fui. Por que isso agora?

— Quero saber.

— Se você pensa que eu vou falar mal do meu casamento está muito enganado.

— Esqueça. Não pergunto mais nada – ele pegou a mão dela e deu um beijo. – Morro de saudades de você. Por favor, me ame só um pouquinho. Nem que seja uma única vez.

Ela não podia negar que, naquele momento, era tudo o que queria. Amar e ser amada. E deixou-se conduzir por ele.

* * *

Não deu certo. Que surpresa. Algum sentimento obscuro impediu-o de fazer amor.

— Esperei tanto por este encontro e falhei. Se você não soubesse o macho que eu sou... Desculpe.

— Tudo bem. Não se preocupe.

— Fique para jantar. A gente tenta mais tarde.

— Eu não avisei minha filha. Preciso ir. Outro dia.

– Promete?
– Prometo.
– Vou levar você lá embaixo.
– Não. Prefiro descer sozinha – beijou-o no rosto.

Decididamente não fomos feitos um para o outro – ela pensou, enquanto esperava o carro. Eu devo estar feia e velha. A culpa não é dele. Já não sou aquela que ele pensava amar, como ele não é mais o mesmo para mim.

Por sua vez, ele pensou no quanto a antiga namorada ainda estava bonita e atraente. Onde já se viu lhe acontecer uma coisa daquelas? Calor esquisito. Não estava passando bem. Era um besta. Devia ter esperado pelo próximo encontro. Continuava o canalha de sempre – tirou a camisa. O conquistador que perdia a mais infame das batalhas. Olhou-se no espelho. Um merda. Isso o que ele era. E sentiu vontade de vomitar.

Um Dia como os Outros

Para
Rosina
Catarina e Ronald
Maria da Conceição e Renildo

10 Horas/Avenida São Luiz
Esquina com Ipiranga

– Tem um trocado?
– Não. É contra meus princípios. Quer uma bala?
– Dá uma moeda, tia. Quero comprar um sonho.
– Não me chame de tia. Não sou sua tia, nem sou tão velha ou solteirona. Ai que enjôo de estômago.
– Me dá uma grana, vá.
– Por que você não vai trabalhar?
– Quem ia querer um que nem eu, que não toma banho?
– E por que não toma?
– Sou menino de rua.
– Existe um serviço que cuida de gente como você, sabia?

– Já fui lá.
– E daí?
– Não gostei, não. Dá um real, ainda não tomei café.
– Não tenho.
– Com esse carrão?
– É do meu marido.
– Dá na mesma.
– Esse sinal quebrou ou o quê? O trânsito está cada vez pior.
– Desde cedo que não funciona.
– Por que não falou antes?
– A tia se meteu atrás da Kombi, pensei que estava esperando alguém.
– Me ajude a sair daqui. Este lugar está muito apertado. Quem foi o sacana que estacionou atrás de mim? Devo ter comido alguma coisa que me fez mal.
– Vira tudo, tia.
– Cuidado para não ser atropelado. Ai, como esta direção é dura.
– Vai virando, tia. Covardia! Tem muito espaço. Pode vir, mais.
– Este cara é maluco. Olha só. Bati.
– Não foi nada. Agora vira para o outro lado. Ah, tia, assim não dá.
– Pensa que eu sou o quê? Calma. Estou tentando.

— Vem, pode vir. Mais. Pára. A tia é uma gata, sabia?

— Você também é bonito. E não me chame de tia, já disse.

— Espera que eu vou dar uma força no trânsito. É só embicar e sair. Vem. Pode vir.

— Cuidado. Olha o carro. Pirou?

— Vem, tia. Vem.

— Obrigada. Tchau.

12 Horas/Consolação
Esquina com Ipiranga

— Você podia ter me dito antes.

— Desculpe, querida. Pensei que podia sair dessa. Este picadinho com banana está delicioso, não está?

— Perdi a fome. Não tem uma semana você me garantiu que ia se separar. Fizemos tantos planos juntos, ao longo destes anos. Você jurou que não gostava mais da sua mulher.

— Dois chopes, garçom. Tivemos momentos perfeitos, você e eu. Não pode negar. Nossa semana em Nova York foi inesquecível.

— Mas você quer acabar tudo.

— Preciso, meu bem. Minha mulher está grávida. Imagine, há quinze anos queríamos ter uma criança. Meu sogro sempre pediu esse neto. Disse que no dia que tivéssemos uma criança, se ele não se casasse, de novo, passaria todas as ações da agência para minha mulher. Não posso dar nenhuma mancada. Ela não sabe, ainda. Saiu cedo com o meu carro. Eu peguei o resultado dos exames.

— Você me jurou que não tinha mais relações sexuais com ela.

— Um acidente. Estávamos realmente muito longe um do outro. Aconteceu. Se você não vai comer, me passa o prato que eu estou faminto.

— A grávida é ela.

— Você e suas piadinhas.

— Eu também tenho uma coisa para contar. Fui pedida em casamento.

— Não acredito. Quer dizer que estava me traindo?

— Não me venha falar em traição, pelo amor de Deus.

— E eu que pensei que você ia sofrer, fazer escândalo, chorar.

— Me conhece muito pouco, hem? Chorar não é comigo.

— E aceitou? Quem é o noivo? Aquele

nosso redatorzinho novo? Sei que ele come você com os olhos.

– Não.

– Pode dizer. Afinal de contas somos amigos.

– Você não vai gostar.

– Fale.

– O dono da agência.

– Meu sogro?

– Exatamente. Um acidente. Daqui a pouco ele vem me buscar para irmos ao cartório providenciar os papéis.

– Aqui?

– Lá embaixo. Eu não teria coragem de complicar sua vida.

– Quer sorvete de café?

– Não, obrigada. Ele vai chegar dentro de cinco minutos.

– Um sorvete de morango para mim. Antes me traga outro chope, faz favor.

– Fui. Tudo de bom.

– Quando você tiver saudades de mim é só telefonar.

– Espere sentado porque de pé cansa. Meu noivo é muito melhor do que você. E nós vamos ter filho, também. Logo. Você vai ver. Tchau.

14 horas/ Avenida Líbero Badaró
Esquina com Viaduto do Chá

— Está sentindo isso aqui? É uma arma.
— Quê? Quem é o senhor?
— Nada de perguntas, coroa. Ligue o carro e desça a ladeira.
— Eu tenho compromissos. Minha noiva...
— Quieto. Não quero conversa. Cuidado. Não pense em fazer nada errado porque eu passo chumbo em tu, entendeu?
— Um assalto em plena luz do dia. Era o que me faltava.
— Olha o farol, cara. Abriu. Se pensa que vai chamar atenção está muito enganado. Porque antes que alguém se aproxime do carro isso aqui acaba com a tua raça.
— Nunca imaginei que uma pessoa tão elegante...
— Tu queria que eu molambasse por aí? Terno da pesada. Ou tá pensando que só tu tem direito?
— Eu?
— Se a mercadoria é boa, ganho uma grana legal. Escuta, cara, não tá enxergando, não?
— Estou sem óculos. Tirei para ler o jornal.
— Onde estão? Se tu me apronta!

— No bolso.
— Pega então, cara.
— Se você afastar essa arma, eu posso.
— Pronto. Mas não te mete a besta.
— Imagine.
— Cadê os documentos do carro?
— No porta-luvas, acho.
— Como é que se abre este troço?
— Aperte com força.
— São estes?
— Devem ser.
— Porra. Apollo 84.
— Não vale grande coisa.
— Melhor que nada. Vamos pegar a Dutra. Assim que a gente passar a fiscalização, deixo tu descer.
— Se me permite perguntar, você é de onde?
— De Pernambuco.
— Estudou até que ano?
— O suficiente.
— E por que está nessa vida?
— Tu deve perguntar ao governo.
— Ah, não. Há muita gente por aí, passando dificuldades, que não assalta ninguém.
— Quero voltar a Garanhuns por cima e montar uma venda. Ô coroa, você não está dirigindo direito. Tu não tenta nada não, velho, porque eu te estouro os miolos.

– Pode deixar. Preciso viver muito ainda.
– Tu quase atropelou a criança.
– Que criança?
– Tu nem viu. Um cara tentou fazer isso com um colega meu. Atropelou um garoto e daí o trânsito parou e ele teve que fugir. O chefão acabou com ele.
– Vocês fazem parte de uma organização de ladrões de carro?
– Não amola. Pega a pista da direita. Tu tem cigarro?
– Não fumo.
– Droga.
– Tem uma viatura da polícia atrás de nós.
– Quê? Não te mexe, cara. Não dá bandeira.
– No semáforo eles vão emparelhar conosco.
– Fica frio. Tô acostumado. Seu guarda, a Via Dutra é pra lá?
– Que loucura. E se ele desconfiasse?
– De tu? Rá, rá. Na cabeça dele tu é o patrão e eu sou um empregado. Assim que a gente passar pelo posto de fiscalização deixo tu descer. Tem alguma grana?
– Pouca.
– Quanto?
– Uns trezentos.

– Só isso? E cartão de crédito?
– A carteira ficou com a minha noiva, que foi tirar dinheiro no caixa eletrônico.
– Cheque?
– Não uso.
– Relógio?
– Saí sem.
– E a gasolina?
– Tanque cheio.
– Posso rodar quanto?
– Uns trezentos quilômetros.
– Legal. Cuidado com a jamanta. Por pouco não bateu.
– Você é casado?
– Nem me fale. Era uma vagabunda. Deus que me perdoe. Uma rameira. Cadê a grana? Tu não tá mentindo, tá?
– Não. Mas preciso de algum dinheiro para o táxi.
– Certo, coroa. Também não quero te foder. Já vou ficar com o carro. Tá no seguro?
– Está.
– Então tu vai ganhar outro.
– Que alguém como você pode roubar. Se todo mundo tivesse educação e trabalho não ia acontecer.
– Tu é que pensa. Pau que nasce torto não endireita mais.

– Daqui a uns minutos tu desce depressa e não olha para trás. Dá queixa amanhã de manhã, viu chapa? Se não apareço e te mato. Tu ouviu bem? Bico calado. Gostei de tu, um homem pra lá de distinto. Tchau.

20:30 Horas/Rua Duque de Caxias

– Não sei como a cidade consegue viver em meio a tanta violência, sinceramente.
– A vontade que eu tenho é de me mandar para Florianópolis. Podíamos abrir uma agência lá.
– É melhor acreditar que tudo vai dar certo, um dia.
– Eu gostaria que o nosso bebê nascesse numa cidade menor, calma, sem essa confusão de São Paulo. Você não acha que nós merecíamos a Lagoa da Conceição?
– Deixa eu ver o noticiário.
– Para quê? Só tem barbaridade.
– Ouça.
"Assalto em joalheria na Praça da República acaba em tiroteio. Uma bala perdida causa a morte do menino de rua conhecido por JR, de onze anos."

– Que horror. O garoto que me ajudou de manhã! Ele me pediu dinheiro para comprar um sonho.
– Que garoto?
– Depois eu conto.

"Um Apollo provoca acidente na Via Dutra, originando um congestionamento de dez quilômetros, ao bater em ônibus que transportava cinqüenta crianças, atendidas nos hospitais de São José dos Campos. O carro era roubado e o motorista conseguiu fugir."

– Deve ser o Apollo do papai.
– Será?
– Vamos mudar para Santa Catarina, vamos. Não dá para criar filho aqui.
– O país é o mesmo. Não adianta.

"Boa noite."

A ira das águas

Aqui jaz alguém cujo nome foi escrito na água.

Keats

Para
Wilson e Carol

1 – Ontem sonhei com você – ele disse, virando o rosto, como se tivesse medo de que ela reagisse mal.

– Deve ter sido um pesadelo, então.

– Um sonho esquisito. Você estava arrumando malas. Um monte de malas. E queria que todos estes livros coubessem dentro delas. A mala que estava aberta parecia sem fundo, pois não enchia nunca. Você ria, ria. De repente começou a chorar e dizia que nunca ia conseguir se livrar daqui. Que este sebo era o seu castigo.

Castigo. Nunca pensei que pudesse ser um castigo – Íris reconheceu, mas não disse, e olhou-o com curiosidade. Otto andava de um lado para outro, inquieto. Não queria, nem podia, romper com a sua melhor amiga (e não foi a primeira vez que sonhara com ela).

Íris conhecia a história de Otto. Fora mandado para o Vale das Águas, porque se negava a se vestir como homem. O pai, candidato a governador, não queria escândalos nem problemas num momento importante da campanha, e para a Clínica Vargas mandaram o adolescente, com direito a sair apenas para o colégio. Era o mais novo membro da família a ir para lá.

A sede da fazenda Vargas de Andrade foi transformada em clínica de repouso, que aceitava também alguns pacientes para tratamento psiquiátrico, quando julgaram que o bisavô de Otto, o Dr. Trajano Vargas de Andrade, estava com problemas mentais. Foi a maneira encontrada para tirá-lo do convívio dos parentes. Mas o Dr. Trajano não se incomodou e logo se pôs a trabalhar. Engenheiro, criou um Plano Diretor para o Vale das Águas, impedindo futuras desordens urbanísticas e preservando as áreas em volta do lago e da cachoeira. Não se esqueçam da ira das águas, bradava. É preciso domar a natureza. A ele todos devem a qualidade das construções, o traçado das ruas, a beleza da cidade. As pessoas que vinham deixar seus doentes acabavam construindo um chalé, uma farmácia, uma padaria e precisavam pedir aprovação para as edificações. Contam que um forasteiro qualquer comprou um terreno, não pediu aprovação da planta e começou a construir um posto de gasolina quase em cima do lago. O avô do Otto, ao descobrir, mandou carta, marcou encontro, e o português nada. Um dia, foi até a obra e resolveu com as próprias mãos o assunto, pois não agüentava ver as paredes subirem: derrubou todas com uma picareta, e saiu atrás do forasteiro para matá-lo. Um homem inteligente e de visão fazer uma loucura daquelas? Quando morreu, o então prefeito tentou homenagear o benfeitor e mudar o nome de Vale das Águas para Trajano, mas os vales vizinhos não concordaram.

Desde que foi fundada, a Clínica permite que seus doentes menos graves saiam, se têm vontade, porque sempre voltam, por conta própria. Otto ainda está lá porque quer e, à sua maneira, deve ser feliz, pois ajuda a cuidar dos idosos, levando-os para passeios em torno do lago ou inventando jogos. À noite, lê livros para os enfermeiros se distraírem nos intermináveis plantões. Usa cabelos compridos e presos com um elástico, calças largas e camisas soltas. Nunca se ouviu dizer que fosse homossexual, mas ninguém garantia que não o fosse. Íris prefere não ter opinião a respeito. Ele vem quase diariamente visitá-la, porque precisa devolver um livro emprestado, ou porque necessita de um novo, ou porque estava ali por perto. Às vezes, some. Ela sabe que o amigo pode ter tido uma das suas crises de depressão.

Íris mudou-se para o Vale das Águas, conhecido pelo seu ar puro, por causa de uma doença pulmonar. Prima Selma esperou-a cheia de segredos e bolos de fubá. Íris se encantou com a quantidade de livros.

– Nem tanto, prima. São uns vinte mil.

– Você leu tudo isso?

– Vamos dizer que eu li alguns milhares. Meu pai leu. Comprava livros do mundo todo, por carta. E eles chegavam pelo correio. Atualmente recebe apenas um por dia.

– Tio Oscar é alfarrabista também?

– Não. Aí tem alguma coisa de valor, mas nada realmente expressivo. Ele não é colecionador. Você precisava ver como minha mãe ficava desesperada quando ele aparecia com dez volumes nos braços. Já não tinham lugar e ela não agüentava limpar a biblioteca. Meu pai dizia que não precisava. Os livros empoeirados adquiriam mais atmosfera.

Então Íris, apesar da moléstia nos pulmões, passou a limpá-los um por um. Seis meses depois o tio morria de câncer na próstata e a prima abandonava a casa, para ir viver com o amado. Uma história triste, a dela. Ao completar quinze anos conheceu um parente de Otto, que se chamava Latino Albuquerque de Andrada: ele morava no Vale das Flores e era casado. Os amantes passaram a se encontrar escondido, numa pequena casa que ele alugara no Vale Verde e que lhes servia de refúgio, há vinte anos. Um dia, prima Selma se despediu com lágrima nos olhos – afinal é difícil se largar tudo assim, não é? Morto o pai nada a segurava.

– Esperei a vida toda por isso, Íris. Agora você é dona de tudo aqui. Você é nossa única herdeira.

Selma jamais realizou o desejo: uma jamanta pegou seu carro na entrada de Vale Verde e a herdeira resolveu abrir uma loja. Chamou-a *Na estante*.

Otto parou de andar e olhou fixo para a amiga.

– Por que você está tão pensativa?

– Nada não. Às vezes me lembro da prima Selma. Afinal só tenho este sebo porque ela morreu.

– Não gosto dessa palavra sebo. É engordurada. Prefiro pensar que isto aqui é uma livraria que vende livros usados. Em ótimo estado, por sinal.

Íris mostrava para o amigo as novidades, mas sentia-o estranho. Otto tentava encontrar jeito de convidá-la para jantar com ele. Queria companhia para comemorar seu aniversário.

– Você aceitaria ir comigo hoje, ao Fiorella?

A amiga se surpreendeu. Jantar?

– Eu aceito, se você me contar o motivo.

Falou por falar, porque ela adorava comer naquele que era o único restaurante italiano da região.

– Estou fazendo 50 anos. Meio século.

– Mas que dia é hoje? Nossa – ela olhou na folhinha – que distração. Eu não sabia que era... Meus parabéns. Claro que precisamos comemorar.

– Venho buscar você às oito.

Íris fechou a livraria na hora do almoço para comprar um presente. Andando pela calçada, hesitava entre o *foulard* de seda, aquele cinto de couro, ou... Escolheu a bolsa de alça comprida, onde ele podia carregar livros.

– Não é uma boa idéia? – perguntou para o vendedor, certa da resposta.

– Dei uma igual para meu pai, no Natal. Ele adorou.

A tarde demorava a passar, Íris pensou que às vezes era difícil ficar ali, sentada, a cidade muito pequena, quase não se justificava existir uma livraria como aquela. Costumava pensar assim, se não aparecia ninguém, mas no início do ano ela encomendava livros didáticos para todos os quatro vales e as compras escolares rendiam bem. Também não podia se queixar da clientela. Conheceu os melhores amigos no sebo.

– Há quanto tempo você está aqui, Íris? – a médica entrou com a filha.

– Quase cinco anos.

– Não sei como uma moça, atraente, pode morar sozinha neste fim de mundo.

– Para falar a verdade, doutora, me acostumei.

– E como é que você vai arranjar namorado?

Íris riu. Várias clientes perguntavam a mesma coisa.

– Qualquer hora vai entrar por aquela porta o homem que estou esperando. Não temos pressa, não é? E a minha querida Emília cuida de mim. Olha só, aí vem ela com o café.

– E o nosso Otto, como vai?

– Hoje é aniversário dele. Vamos jantar juntos.

— Dê um abraço nele por mim. Minha encomenda chegou?
— Aqui está. Demorou, não é? A culpa não foi da editora e sim do Correio.

Íris, que acompanhou a médica e a filha até o carro, viu que o lago estava dourado. Ai que vontade de andar um pouco. Que fim de tarde. O horário preferido para dar uma volta, respirar fundo, sentir-se saudável.

Mas voltou para tomar o café, com biscoitos de aveia. Uma delícia. Não sabe o que seria do seu dia-a-dia sem a ajuda da empregada. Atualmente são poucos os que podem ter domésticas, mas Emília já trabalhava para o tio e não podia perder o emprego e a moradia, na edícula do quintal, pois tinha de mandar dinheiro para os pais, no norte. E Íris precisava de alguém. Não suportaria viver só.

— Meu vestido preto voltou da lavanderia, Emília?
— Qual?
— O de seda. O mais novo.

Ela tinha mania de não responder perguntas. Gostava de se fazer de desentendida, querendo detalhes.

— Acho que sim. Voltou.

Íris finalmente subiu para tomar banho e se vestir.

A casa, rente à calçada, tinha dois andares: o térreo ela transformou em livraria e sebo; para ter acesso independente ao andar de cima, mandou construir, do lado de fora, uma escada lateral. Da sala podia ver o lago e ouvir a cachoeira. Nada a reclamar, pelo contrário. Sentia-se feliz ali, apesar da falta de... Não, não vai pensar nele, nem em ninguém. Vai curtir o jantar com Otto. Passou batom e olhou, satisfeita, sua imagem no espelho.

Ele deixou o táxi esperando, bateu na porta devagar e forte, como de costume.

– Você está muito bonita, Íris.

– Você parece ótimo, também. Essa túnica de cetim é nova?

Ele confirmou.

– O marido de uma das enfermeiras trabalha numa fábrica. Ganhei de presente.

– Aqui está o meu.

– Posso abrir no táxi?

– Claro.

Otto não tinha carro, nem sabia dirigir. Por isso chamava táxi para percursos mais longos. Marcava hora para ir e voltar.

O restaurante ficava a quinze minutos da cidade, entre o Vale das Flores e o Vale das Águas. Fiorella, quando estava na Itália, que-

ria ser fazendeira. O filho, casado com mulher brasileira veio comprar uma fazenda no Paraná, mas na hora de fechar o negócio o proprietário desistiu. Depois, os dois resolveram visitar familiares nos Vales e foram ficando, até a vinda da mãe dele, cozinheira diplomada, que se encantou com uma casa no meio de um sítio. Tinha orgulho de dizer que servia verduras e frutas da sua própria horta. Um luxo.
– O que vamos comer, Otto?
– Leia.

Ela leu: *Sopa de cenoura aromatizada ao anis*
Fantasia de crustáceos com salmão
Farfalle ao pesto
Sorvete de manga
– Perfeito. E não abro mão daqueles chocolatinhos divinos com café, para terminar o glorioso jantar.

Os pratos deviam ser encomendados com vinte e quatro horas de antecedência, pois eram feitos especialmente. Para os não clientes o menu da casa oferecia uma única opção, por noite.
– Você desistiu de alugar a casa, Otto?
– Desisti. Eu não poderia viver sozinho. Além do mais, percebi que eu gosto mesmo

da Clínica. Há trinta e quatro anos eu moro lá. Mas não sei o que vai acontecer. Hoje chegou um administrador novo. Um sujeito simpático, talvez seja um pouco mais moço do que eu. Veio cheio de idéias modernas. Quer reformar tudo, montar áreas para arte e recreação. Ficou impressionado com os quadros do Irineu.

– Se não ficasse, seria um insensível. Irineu é um grande artista.

– Ele está terminando uma pintura enorme, estranhíssima. Escolheu a maior parede, aquela da entrada, e começou a pintar um monte de figuras geométricas que parecem mandalas, elas vão se interligando... Está ficando linda.

– E onde estão guardados todos os quadros que ele vem pintando?

– Os que não foram vendidos nas exposições estão bem armazenados num depósito. Ele precisa vender para comprar tintas e pincéis, você sabe.

– Gosto muito daquele que eu comprei – ela disse.

Otto não bebe nunca, por isso pediu apenas meia garrafa de vinho para Íris. Mas queria comemorar o aniversário e fazer um brinde com champanhe – pediu duas taças.

Enquanto esperavam, conversando, entrou no restaurante o novo diretor da Clínica.
– Muito prazer, Bernardo Proença.

* * *

2 Depois de se despedir de Otto, Íris ficou alguns minutos encostada à porta, pensando que talvez tivesse conhecido o homem que estava esperando. Há muito tempo não se sentia tão atraída por alguém. Ainda agora ouvia a voz pausada de Bernardo a falar dos planos para remodelar a Clínica. Ela quis perguntar se ele viera só, mas não se atreveu. Otto falaria no assunto, qualquer hora. Ela não podia esquecer que devia tomar cuidado e não se envolver sem mais nem menos. Ainda não estava totalmente curada do fracasso de sua relação anterior. Um dia, o que parecia indissolúvel se desfez em segundos. E ela ficou meses e meses com a imagem do outro perto de si, como se fosse um reflexo dela. Via-o na rua seguindo-a pelas esquinas. Uma vez tomou coragem e virou-se de propósito e perguntou o que ele ainda queria dela. Já não estava satisfeito? O desconhecido se afastou, por certo se enganara. Ela

saiu correndo. A obsessão era insuportável. Odilon acabara com os seus sonhos? Nem o tempo conseguia apagar o efeito daquela mania de pensar no ex-namorado. Um dia, acordou apavorada: cadê ele? Sumira. Nem conseguia ver-lhe o rosto. Nada. Como se nunca tivesse existido. Não lhe aspirou mais o cheiro forte, de homem, que tanto a excitava, não ouvia os passos rudes no assoalho da casa em São Paulo, ele andando de um lado para outro, animal enjaulado, nem via sua sombra no banco do jardim. De repente ela se sentiu desamparada, solta no mundo. Antes, na simples lembrança de que ele existia encontrava o apoio necessário para continuar viva. Precisou se acostumar ao nada. Ninguém a interessava, como se estivesse seca, incapaz de sentimentos amorosos. Naquele restaurante, voltou a sentir vontade de ser abraçada, de ser mulher. Assim, à toa? Que tipo frágil era ela que, de repente, entrava no cio? Cuidado, Íris, não se exponha. Vá lavar esse rosto, escovar os dentes e se meter na cama.

 Acordou atrasada, nem tinha tempo de tomar café. Dentro de meia hora um cliente viria trazer sua pequena e ótima biblioteca. Partia para Portugal, nada o prendia aqui.

— Quero morrer em Lisboa, onde a família tem um jazigo. Se eu ficar no Brasil, quem irá me fazer companhia? Não vou comprar um túmulo só para mim.

— Tem razão. Vamos contar os livros.

— Por favor, fique com eles. Presente meu. Sei que serão úteis para alguém e isso já me dá prazer.

Íris agradeceu. Mandaria notícias — os dois trocaram endereços eletrônicos. Claro que podia contar com ela.

Coitado do portuga. Apaixonou-se por uma fazendeira quatrocentona e aceitou se mudar para cá e administrar-lhe os bens. Ficaram quinze anos juntos. Comentou-se que ele triplicou a fortuna da mulher. Um dia ela entrou em casa dizendo que queria se separar porque encontrara o homem da sua vida, um cantor, e estava de mudança para a Argentina. Ele que aceitasse aquele cheque pelos serviços prestados. Ele lamentou a separação e os anos dedicados à amada. Retirava-se com altivez, apesar de todo o sofrimento, aceitando, sem revolta, o seu fracasso. Quem ia querer um velho de setenta anos? Íris retrucou citando vários casos de casamentos tardios. Ele a fitou com lágrimas nos olhos. Como a mulher podia deixar um homem tão sensível e culto? As mãos dele tremiam, ao se despedir.

Íris ficou a manhã inteira arrumando os novos livros. Gostava, às vezes, de prestar certas homenagens, como colocar a Lygia Fagundes Telles entre o Vinicius de Moraes, de quem foi namorada (como é que sabia disso?) e do Paulo Emílio Salles Gomes, com quem foi casada, a Anna Maria Martins colada no Luís Martins, Zélia e Jorge Amado, Anaïs Nin e Henry Miller, Marina Colasanti e Affonso Romano de Sant'Anna, Simone de Beauvoir e Sartre, afinal a literatura os ligara na vida real, ela podia se dar o prazer de não os separar. Ou reunia contemporâneos: Esdras do Nascimento, Márcia Denser, Marcos Santarrita, Ary Quintella, João Antonio, Salim Miguel, Alcides Buss, Deonísio da Silva. Tantos. Duas prateleiras inteiras. Às vezes, se divertia, botando de castigo autores de quem não gostava na última fileira da estante. Se não podia dispensá-los, dava o tratamento que mereciam. Rarará! Ao meio-dia resolveu fazer compras. Estava precisando de uma calça preta nova.

Vale das Águas tem uma única rua de comércio. Mas sempre se pode ir ao Vale Verde para comprar sapato, por exemplo, ou ao Vale das Flores para utensílios domésticos, um mini-ônibus liga os quatro vales. O cemitério da região fica no primeiro e o maior hospital no segundo. No Vale Vermelho o melhor supermercado, e o Vale das Águas é o escolhido para o lazer: aos domingos o jardim em volta do lago se enche de gente.

Íris achou a calça que queria e aproveitou para passar na loja de informática e saber se tinha chegado o papel encomendado. Voltava tranqüilamente para o sebo, quando Emília veio correndo comunicar que um tal de Irineu estava esperando por ela.

— Ele parece meio louco. Já me disse cem vezes que quer falar com você. Parece que ele esquece. Fica repetindo, repetindo.

Íris apertou o passo. Encontrou Irineu andando na calçada, abraçado a uma tela.

— Pintei esta tela para você.

— Que linda, Irineu. Gostei muito. Quanto é?

— Pague o que quiser. Preciso comprar tinta e estou sem dinheiro. O que quiser, o que quiser.

— Emília, por favor, arranje um café para nós.

Ele voltou a se abraçar ao quadro, como se não quisesse se desfazer dele. Íris pensou que talvez não devesse... Mas interrompeu o pensamento ao ver Otto que apareceu, nervoso, perguntando por Irineu.

— Ah, você está aí? Devia ter me dito que vinha para cá.

O outro largou o quadro, assustado.

— Ele veio me entregar uma encomenda, Otto. Não é bonito este quadro? Eu adorei.

Na tela, as figuras geométricas se sucediam, em perspectiva, como se alguém estivesse olhando de um avião a terra plantada. Manchas de cores que se alternavam em harmonioso colorido. Íris tentou se lembrar de quanto pagara pelo quadro da exposição do ano passado, foi até o caixa e preencheu um cheque. Na verdade, sabia que Irineu não tinha noção do valor do dinheiro e que o cheque ia direto para a loja de tintas. Os vendedores eram conscienciosos, conheciam os problemas do cliente e o protegiam. Otto hesitou em acompanhar o artista, queria ficar ali e conversar com a amiga, mas acabou indo com ele.

— Volto à noite, se você me convidar para um copo de vinho.

— Desculpe, Otto, vou jantar na casa do prefeito. Que tal amanhã?

Íris ficou olhando os dois, andando: Irineu, com os cabelos compridos e a roupa solta de algodão grosso de interno da Clínica; Otto, com o rabo de cavalo e a infalível bata. Pareciam duas senhoras – sorriu, antes de ligar o computador. A Alpharrabio oferecia um título que há muito tempo alguém pedira. Quem? Aliás, sua memória andava pouco seletiva. Registrara bobagens inacreditáveis como o colega de escola, um garoto ruivo e sardento que roubou uma borracha dela. Por que não se esquecia do menino e da borracha? A casa onde morava em São Paulo via com nitidez e uma certa fantasia, porque podia imaginar-lhe a decadência natural, as paredes descoradas, a trepadeira avançando pelas janelas e os degraus gastos do pórtico da entrada. Podia sentir o cheiro úmido subindo do porão pelas frestas do assoalho. Ela se deitava para olhar o que tinha embaixo. A mãe dizia que era o cheiro dos mortos da família – e ria. Quantas vezes Íris fizera xixi na cama com pavor de ir ao banheiro e dar de cara com um fantasma! E a sensação da mão do primeiro namorado levantando sua saia no cinema, ela paralisada de susto, o prazer estrangulado na garganta? Por que se lembrava dessas coisas?

Não deviam ser trazidas à tona, não eram importantes. Precisava concentrar-se e descobrir dentro da sua cabeça quem tinha feito aquela encomenda, isso sim.

Trabalhou o dia todo inquieta, limpando livros, arrumando-os nas estantes. Atendia ao telefone, prestava informações, anotava pedidos. Num certo momento, sem querer, viu, no espelho, um rosto. Aproximou-se curiosa. De quem era aquele rosto lavado, com a pele ressecada, poros abertos e olhos opacos? Cadê o viço, o cabelo brilhante, a alegria de viver? Ela não podia ter se transformado naquela imagem baça. Não. Vai tomar uma atitude. Não quer ir ao jantar daquela noite nesse estado de lassidão, de vulnerabilidade. Quer ir ao cabeleireiro, fazer limpeza de pele, uma boa massagem. Nunca arranja tempo para cuidados pessoais e é tudo o que precisa no momento, se sentir tratada, atraente, mulher. Por quê? Deixe de se perguntar coisas idiotas. Você está se sentindo feia e desleixada. Afinal de contas, com apenas quarenta anos, ter um pouco de amor-próprio não faz mal a ninguém.

A cabeleireira cortou alguns centímetros do cabelo e caprichou nos reflexos. Íris gostou do que viu no espelho e se sentiu leve. Com certa alegria entrou na casa do prefeito.

– Como você está linda, Íris, de vermelho.
– Obrigada.
– O jantar tem algum motivo especial?
– A despedida do diretor da Clínica.
– E a chegada do novo, querida – o prefeito acrescentou.

Foi então que Bernardo se voltou para cumprimentá-la. Íris sentiu o sangue fugir-lhe do rosto. Mas controlou a emoção. O jantar foi servido e ela estava do outro lado da mesa, vizinha ao viúvo mais cobiçado da cidade, o juiz Almeida. Uma noite por ano ele abria a casa para receber os amigos e tocava piano. Gostava de Schumann.

– Se você for tocar hoje, posso pedir que escolha *Cenas Infantis*?
– Pois não, minha bela romântica. Você gosta da sua infância, Íris?
– Sabe que não sei mais? Eu roía as unhas, sempre ouvi dizer que era tímida. Não consigo ter nostalgia de nenhum brinquedo, de nada. Só me lembro com doçura da minha avó.
– Não gosto nada da minha infância. Aliás, tenho a impressão que eu nunca fui criança.

Íris lamentou que ele começasse a contar suas indefectíveis piadas e, sem querer, virou-se para o outro lado da mesa. Deu com Bernardo olhando para ela.

À sobremesa, o prefeito se levantou e pediu um minuto de atenção.

– Nosso jantar de hoje, amigos, tem duplo objetivo: agradecer a companhia por todos esses anos do nosso querido Diretor, como nós sempre o chamamos, que acaba de se aposentar e vai nos trocar pela Itália, onde moram seus filhos, e saudar o Dr. Bernardo Proença, que acaba de chegar e com quem esperamos ter o prazer de conviver. Assim, peço uma salva de palmas para os nossos homenageados, antes que o nosso querido pianista toque para nós.

– Mudei de idéia, juiz. Que tal tocar *Variações sobre um tema de Clara?*

– Obrigado, amiga. Boa sugestão.

Íris não se sentou, preferiu ficar perto da porta da varanda. A mulher do prefeito acendeu um cigarro e lhe fez companhia, até que o garçom viesse dizer qualquer coisa e ela tivesse de sair. O juiz estava especialmente inspirado aquela noite. Jovem, queria seguir a carreira de pianista, mas o pai não deixara. Fazia questão que ele assumisse o seu escritório de advocacia. O juiz ficou dois anos com ele e depois prestou concurso para uma vaga longe de São Paulo: o peso do pai era-lhe insuportável. Cada vez que dizia o nome alguém lhe perguntava se era o famoso advogado. Ficaria livre disso, no interior. Casado com uma prima distante de Otto, acabou indo morar no Vale Vermelho. Estava tão habituado à região que, mesmo tendo enviuvado, optou por não se mudar. E continuava estudando piano, tocando aqui e ali. Era um homem alegre. Quando a mulher morreu, ele comprou um teclado para tocar na hora do enterro, no Cemitério da Saudade. Hoje em dia escolhe sonatas que toca para a mulher, no dia dos mortos. Dizem que anos atrás um pintor punha Maria Callas a todo volume, no toca-fitas do carro, para os mortos ouvirem.

– Dou um doce para saber o que você está pensando – Bernardo veio por trás e falou, baixinho, no seu ouvido.

Íris sorriu, aceitando o prato com a sobremesa.

– Nada importante.

– Conte mesmo assim.

– Eu estava pensando se os mortos ouvem música. O juiz costuma tocar para a mulher dele, no cemitério.

– Vou guardar lugar para ele na Clínica.

Os dois riram. Ela teria preferido ouvir alguma coisa mais delicada.

— Você não gosta de música?

— Gosto. Só não acredito que os mortos ouçam...

— E a satisfação da pessoa viva não conta? Uma compensação para a saudade que sente?

— Talvez. Quer mais doce?

— Não. Obrigada.

Ele foi levar os pratos e, no instante em que voltava, o dono da casa pegou-o pelo braço e encaminhou-o para a outra sala. Íris aplaudiu o juiz, conversou um pouco, despediu-se da dona da casa e se retirou, aproveitando a carona que o farmacêutico e a mulher ofereceram. Não queria ficar esperando Bernardo procurá-la, de novo. Preferia ir para casa e pensar no que estava sentindo. A aproximação dele, a repentina intimidade de vir falar-lhe ao ouvido, como se aquilo fosse absolutamente normal, deixou-a perturbada. Um atrevimento, pois não se lembrava de ter dado o menor pretexto. A qualquer observador pareceria que eles se conheciam de longa data. O juiz tocava e ele não podia falar alto, mas não tinha o direito de vir provocá-la daquele jeito, não tinha.

A mulher do farmacêutico interrompeu-lhe os pensamentos, perguntando se ela sabia como podia arranjar O *Quarteto de Alexandria*. Desconhecia o nome do autor.

— Lawrence Durrell. Eu tenho.

Conversaram um pouco sobre os livros, Íris prometeu entregá-los na farmácia, no dia seguinte. Ela se surpreendera. Nunca imaginou que Lea — era esse o seu nome — se interessasse por literatura. Nunca, naqueles anos todos, ela entrara no sebo a não ser para as compras didáticas. E, de repente, a novidade.

— Boa noite, amigos. Muito obrigada.

Íris demorou a dormir. Pensou nos pais, no começo ia vê-los sempre que podia, depois foi espaçando as viagens, quatro horas de ônibus para ir e quatro para voltar era cansativo, e não podia se demorar porque não tinha empregados no sebo, eles deviam reconhecer o esforço. Não bastava que falasse semanalmente com eles por telefone? No Natal, sim, permitia-se uma semana de férias e via a família toda. Tios, o irmão, os vizinhos, e meia dúzia de ex-colegas de universidade, que ainda a procuravam. Mas a verdade é que ela não se recordava direito das feições de ninguém. Seria bom que os rostos envelhecessem na memória, criassem rugas, engordassem ou emagrecessem. A gente podia ter um mecanismo capaz dessa proeza para que as pessoas não fossem esquecidas, as imagens não se apagassem. A cada encontro a certeza de que não ia reconhecer os amigos, e a mãe insistia em convidá-los, as conversas saudosistas intermináveis, você se lembra disso, ou daquilo? Não, ela queria gritar. Não se lembrava, eram absolutamente desimportantes as experiências da cabeleireira famosa, do engenheiro rico, do professor de química que fora seu namorado no colégio e hoje era casado com a modelo ignorante, do publicitário metido a besta. Simpatizava mais com o japonês que se tornou fisioterapeuta, dono de riso fácil e ótimo contador de piadas. De alguns mortos não se esquecia. Talvez porque permaneciam estáticos, não mudavam de personalidade, não podiam trair a memória de ninguém. Onde escondera o álbum familiar, com fotos soltas das festinhas de aniversário, da formatura e do maldito noivado? Não gostava de pensar em Odilon, era um assunto não resolvido dentro dela. "Que os mortos enterrem seus mortos" – Íris virou-se na cama.

* * *

3 Emília trouxe a bandeja do café, à hora de costume e se admirou que Íris ainda estivesse dormindo.

– Passei uma noite daquelas, com insônia.
– Quer descansar mais um pouco?
– Não, vou levantar. Pode aparecer alguém e eu preciso estar lá embaixo.

As portas de *Na estante* foram abertas na hora certa. Íris não tinha qualquer obrigação de seguir um horário, mas se impunha disciplina, porque não queria ser incomodada em casa, como acontecera algumas vezes. Colocara placa, do lado de fora, na porta, com o horário impresso. Das oito ao meio-dia, das duas às seis horas. Aos sábados, fechava às doze horas.

Era seu dia de se sentir dona de casa, fazer supermercado no Vale Vermelho, visitar quem quisesse, ou ir ao Clube tomar sol e jogar tranca. Gostava de se sentir livre para decidir o que quisesse, não ter compromisso nenhum no fim de semana, ficar à toa. Em geral, Otto aparecia. E ele sabia inventar deliciosos programas, de última hora, como ir a uma feira de antiguidades destinada a angariar fundos para o leprosário ou a uma exposição de animais.

Íris estava pronta para sair, quando ouviu a insistente buzina de um carro. Certa de que jamais seria para ela, desceu calmamente a escada, carregando sua sacola, não era nenhuma adolescente para que alguém buzinasse à sua porta.

– Bom dia, Íris. Desculpe se vim sem avisar, não tenho o número do seu telefone, então pedi ao juiz o seu endereço.

– Tudo bem, Bernardo. Está precisando de algum livro?

– Não. Pensei que talvez você pudesse me ajudar a conhecer a região.

– Eu estou indo passar o dia no Clube.

– Você não aceitaria um programa diferente, por exemplo, convite para almoçar fora da cidade?

Íris hesitou. O convite era atraente e ela não tinha nenhum compromisso, mas não queria estar tão disponível...

– Por favor. Eu gostaria de conhecer esses quatro vales. Ainda não sei onde vou morar e ficaria agradecido se pudesse me ajudar.

Íris entrou no carro, não custava nada ser útil e explicou que não era bom cicerone, pois não nascera ali, então não conhecia de verdade a história daquelas quatro cidades, o que sabia foi de ouvir dizer. Se o tio e a prima estivessem vivos poderiam dar uma visão mais detalhada. No princípio aquilo tudo era uma grande fazenda da família do Otto, que foi dividida entre os herdeiros, depois de uma briga em que o patriarca morrera.

– E esse caso que contam de que, numa festa de casamento, morreram envenenados os noivos e os padrinhos, umas dez pessoas, é verdadeiro?

Eles estavam subindo em direção de Vale Verde, Íris apontou a paisagem – não é linda a vista daqui? – Bernardo procurou um lugar para estacionar. A vista da cachoeira e do lago com as construções em volta era realmente bonita.

– Um pouco acima tem um mirante, onde você pode parar. Essas construções na encosta são proibidas, mas as pessoas iniciam as obras na clandestinidade e depois que estão com telhado ninguém pode mandar demolir.

Bernardo finalmente estacionou o carro. Àquela hora o mirante estava vazio.

– Que beleza. E lá, o que é?

– Vale Vermelho. Os quatro vales estão localizados numa espécie de concha, separados por morros e cercados pelas grandes montanhas, entendeu?

— Perfeitamente.

— Vale das Flores e Vale Verde ficam para cá — apontou à esquerda.

Bernardo respirou fundo, aspirando o perfume de Íris.

— Adoro esse seu perfume. O que é?

— Não me lembro do nome. Ganhei do Otto. Gosto dele, também.

A pergunta pessoal demais deixou Íris intimidada. Ela olhou um pouco para a paisagem e sugeriu a continuação do passeio. Ele deu um risinho esquisito, entre a ironia e o deboche, e ligou o rádio. Um programa com Zé Ketti. Comentavam um ou outro samba, descobrindo que apreciavam a música brasileira. Menos mal. Teriam já um assunto. Ele desceu a estrada em direção ao Vale Verde, onde iriam almoçar.

— Voltando à morte daquelas pessoas, você conhecia alguma delas?

— Duque de Ébano. Um cantor negro. Ele vinha comprar livros, de vez em quando. Era casado, mas se apaixonou por uma cantora de bossa-nova, que vivia nos Estados Unidos, e viera visitar a família. A mulher dele foi acusada, você nunca leu a história nos jornais, não?, e está respondendo a processo. Um farmacêutico testemunhou contra ela.

— Que gente louca, não é? Quando eu estudava Direito, queria ser criminalista.
— Você abandonou o curso?
— Acabei fazendo administração de empresas.
— Pensei que você fosse psicanalista.
— Deus me livre.
— *Máscara Negra*. Adoro essa música — ela cantarolou, baixinho.

Estavam chegando ao Vale Verde. O outono dcixava sua marca. Aqui e ali, viam-se plantas secas, as barbas de bode dos taludes secavam.

— Esses arbustos devem ter sido plantados por alguém. Veja a harmonia desse papel-arroz, parece embaúba mas não é, com os bambuzinhos e aquelas aves-do-paraíso, a famosa *strelitzia*.

Íris se surpreendeu.
— Você conhece planta?
— Um pouco. Minha mãe era paisagista. Desde criança ouvi que certos arbustos criam barreiras para quebrar a força dos ventos. Que certas heras sobrevivem à falta de sol. Coisas do gênero.
— Você pretende morar numa casa, imagino.
— Ainda não sei. Uma das razões que me fez vir para cá foi a esperança de ter um

jardim. Olhe só a cor do verde. Verde-noite, verde-dia, verde-sombra, verde-água, verde-ouro, verde-prata. A paisagem verde mais bonita que eu já vi.

Íris gostou daquele entusiasmo todo.

— Desculpe interromper, o restaurante é aquele. Uma churrascaria simpática. Abriu há um mês.

— Você já veio aqui?

— Só na inauguração. Dizem que a comida é ótima.

Quando escureceu, eles tinham feito a volta completa dos quatro vales.

— Boa noite. Obrigada.

— Não vai me oferecer um copo d'água?

— Desculpe, Bernardo. Posso convidar você para vir aqui amanhã à noite? Estou exausta.

— Hoje é sábado. Amanhã você pode dormir até tarde. Eu estou tão sozinho. Que tal você ir tomar seu banho? Fico na sala, esperando.

Ela não teve coragem de dizer não. E sentiu um leve estremecimento quando ele passou o braço pela sua cintura, sem nenhuma intenção, ela sabe, gesto simples e masculino, de quem ficou satisfeito. Havia um cheiro bom no ar, um cheiro de jasmim: de onde viria?

– Não sei. De algum vizinho, talvez.
– E você pode ouvir a cachoeira.
– Pois é – ela abriu a porta. – Entre.
Ele olhou em volta. Era uma sala simples e agradável.

O sofá e duas poltronas pardas, de tecido, sobre o tapete de fibra marrom, a mesa de centro de madeira tosca, com o vaso de margaridas. Almofadas cobertas com algodão rústico, a mesa quadrada, com as quatro cadeiras. Nada ali era demais, nem de menos. Uma bola de vidro branco fosco como lustre e dois abajures despojados. Talvez faltasse um toque de feminilidade.

– Foi você a decoradora?
– Não sei se posso chamar isso de decoração. Eu aproveitei alguns móveis que meu tio e minha prima deixaram, apenas mandei cobrir, vendi armários, móveis e um monte de bugigangas que eles amontoaram a vida toda. Fiquei com o essencial.
– Parabéns. A casa se parece com você.
– Obrigada – ela ligou o som – escolheu um CD do Tom Jobim – e foi tomar banho. Quando retornou à sala encontrou Bernardo dormindo. Ela, que tinha se decidido a mandá-lo embora, sentiu-se, de repente, acompanhada. Do que ela sentia falta era exata-

mente de uma presença viva que, ao acordar, invadisse o seu silêncio cotidiano. Mas, ao mesmo tempo, tinha medo dessa invasão. Perdera o hábito. Estava acostumada a preencher o vazio com a leitura, a televisão, a internet. Entrava numa sala de bate-papo e ficava lá, discutindo bobagens, passando as horas. Uma vez conhecera alguém, trocaram fotografias e marcaram encontro ao qual, evidentemente, na última hora ela não foi. E, agora, ali estava um homem que ela mal conhecia despertando nela o desejo de ter alguém, de novo.

Bernardo deve ter sentido a sua presença, pois se sentou e pediu desculpas por ter dormido.

– Você não tem fotos da família, Íris?

– Tenho. Estão guardadas. Não gosto de porta-retratos, mas fiz um painel no meu quarto, onde penduro as mais recentes.

– Que horas são?

– Nove.

– Vamos sair para comer alguma coisa?

– Que tal uma massinha aqui, Bernardo?

– Eu não sei fazer absolutamente nada. Nem ovo frito. Só posso ajudar arrumando a mesa, lavando pratos. Falar nisso, a música acabou.

— Escolha o que quiser — ela foi para a cozinha fuçar no congelador. Achou uma travessa de ravióli que Emília deixara pronta. Bastava descongelar e... Alguém estava batendo? Que dia era hoje? Sábado? Meu Deus, esquecera de que combinara de tomar um vinho com Otto — correu a abrir a porta. Bernardo estava acocorado no chão escolhendo o Cd e não escondeu o desagrado com a chegada de alguém.

Otto se surpreendeu ao ver Bernardo. Seria bem-vindo? Sentou-se, sem jeito, na poltrona de sempre.

— Eu estava indo descongelar um ravióli que a Emília deixou.

— Já jantei, Íris. Passei só para o vinho combinado — entregou a garrafa.

— Que bom, Otto. Eu ia mesmo abrir uma garrafa. Você bebe tão pouco, foi muita gentileza sua.

— Não encontrei o que você gosta. Então trouxe esse chileno...

— Obrigada. Vou pôr na geladeira. Eu estava pensando em abrir um tinto. Bernardo quis conhecer os vales, hoje.

— Íris foi ótimo cicerone. Contou histórias divertidas, como a daquela mulher que tinha dois amantes e saía de braços dados com ambos no Vale das Flores.

– Parente do Otto.

– Maravilhosa, amigo, maravilhosa.

– Você sabia que Bernardo conhece plantas? Ele tem boas idéias para usar na Clínica.

– Quais?

– Incentivar alguns internos a plantar um jardim com as próprias mãos. Que você acha?

– Parece interessante. Eu mesmo gosto de mexer na terra. Mas não entendo nada de plantas.

– A mãe do Bernardo era paisagista.

– Você tem mão boa para plantar, Íris?

– Não sei, Otto. Nunca plantei nada.

– Tenho uma tia que falava com as plantas. Parece que elas gostavam porque o jardim era magnífico. Nunca vi azaléias mais bonitas nem mais floridas do que as dela.

– Para começar, vamos fazer uma horta, onde era o antigo campo de futebol.

– Acho que pelo menos seis internos podem participar. O Irineu, o pintor, que você já conheceu, talvez não. Ele só pensa em pintar.

– Vou contratar alguns colonos e a adesão será livre. A orientação que recebi foi para cortar despesas e ver até que ponto a clínica pode ser auto-suficiente. A família não quer mais pôr dinheiro, a mão-de-obra aqui é barata, os tempos estão difíceis para todo mundo, vou aproveitar que as fazendas estão dando prejuízo. Há excesso de grãos no mercado.

— Meus parentes sempre choram de barriga cheia — Otto se levantou e, pediu um copo d'água, onde derrubou um pouco de vinho. — Não posso beber álcool, mas quero brindar com vocês.

— Pensei também em criar um aviário. Pedi alguns prospectos para saber a técnica moderna. Temos de aproveitar aquele espaço enorme, não acha, Otto?

Os dois saíram juntos, quase meia-noite, conversando animadamente. Foi bom mesmo que eles tivessem saído logo. Ela estava exausta.

* * *

4 Naquela madrugada, Otto foi chamado para ir ver o pai, que estava morrendo. Não chegou a tempo.

— Que aconteceu?

— Ataque cardíaco. Um touro de forte morrer assim, sem mais nem menos.

Otto olhou várias vezes o pai. Queria que algum sentimento brotasse dentro dele. Fosse qual fosse: amor ou ódio. Mas, por mais que tentasse, sentia apenas indiferença. Aquele homem no caixão não lhe dizia nada. Era um desconhecido. A mãe talvez gostasse dele, talvez os dois tivessem sido felizes. Onde estavam suas irmãs? Curioso como elas ainda eram jovens, apesar da idade. Todas já deviam ter feito cirurgia plástica, estavam talvez bem vestidas demais. Uma era viúva, estava acompanhada de um dos filhos – um rapaz franzino, com cara de tuberculoso – e a outra, de braços dados com o marido e a filha grávida. Também elas não significavam muito para ele. Viveram sempre tão distantes. Ele só se dava mesmo com a irmã caçula: por que não estava ali? Perguntou para a empregada, que lhe cochichou a resposta. Ela e os pais não se falavam há um ano, mais ou menos, desde que se ligou a um cara do partido comunista. O velho e sua intransigência. Romper com uma filha por causa daquilo? Otto decidiu procurá-la, assim que acabasse a cerimônia. Tiveram pouco contato os dois, mas sentiam carinho um pelo outro e ela não implicava com as roupas dele. Aliás, pelo olhar da mãe, percebeu o quanto ela gostaria que tivesse posto terno e gravata. Imagine! O morto não merecia o sacrifício.

Centenas de pessoas acompanharam o enterro. Mas não eram amigos da família, não. Eram funcionários da fábrica de sabão, correligionários políticos, gente que trabalhava no partido do pai. Pelo jeito, amigos mesmo, eles tinham uma dúzia. Se tanto. A mãe mal conhecia aquele povo.

— Como vai, senhor Otto?

A velha secretária do pai lhe dava a mão, gentil.

— Bem, obrigada. E a senhora?

— Estou muito chateada, na hora que ele se sentiu mal não dei atenção. Fui buscar um copo d'água. Seu pai nunca ficou doente nesses anos todos em que fui secretária dele. Nunca pensei que pudesse ter cirrose.

— Ele morreu de cirrose? Andava bebendo tanto assim?

— Não, Otto. Conforme sua mãe me disse, ele bebia uns dois uísques antes do jantar. O problema é que ele teve uma hepatite daquelas brabas e não se cuidou. O médico proibiu que trabalhasse e bebesse qualquer coisa, ele agüentou uns vinte dias e logo começou a trabalhar e a tomar seus drinques. A hepatite foi uma das causas. Ele andava se queixando de cansaço. Só isso. Quem ia imaginar que morreria tão rápido? Eu sei que vocês não se davam bem, mas no fundo ele não era um mau sujeito. Preocupava-se em mandar o seu dinheiro no dia certo, me perguntava se o valor estava correto ou se devia aumentar os depósitos. Sempre dizia que precisava ir até Vale das Águas.

Ah, então era por isso. Vira e mexe ele ia até o banco e lá estava a sua mesada maior do que esperava. Gastava tão pouco. Não podia negar que tinha uma poupança razoável. Fazer visitas para ele o pai nunca fez. Quer dizer, foi uma única vez, no primeiro ano. Olhou a Clínica, examinou seu quarto, que considerou de primeira, falou com o diretor do colégio, quero-mostrar-para-todos-que-você-tem-pai, e foi tudo. Recebia os presentes de Natal – em geral roupas e sapatos de couro que jamais usou, nos aniversários a mãe telefonava em nome de todos e contava as novidades. Era o suficiente. Nunca fora convidado para ir ao casamento das irmãs. Ele não saberia como se vestir. Nem queria ser motivo de vergonha para ninguém. Mas e agora? Quem lhe mandaria dinheiro? Quem?

O padre acabava de encomendar o corpo. Antes que o caixão fosse fechado a mãe e as filhas foram até ele para se despedirem. Otto simplesmente se recusou, ficando onde estava, o olhar distante. A mãe autorizou o enterro. Enquanto esperavam, Otto admirava a paisagem. Um paraíso, aquele cemitério. Sem jazigos, os mortos eram enterrados nas covas de cimento, cobertas com laje e grama. Apenas cruzes os identificavam. Cópia de cemitérios que via em filmes, mas aquele, com a vegetação nativa em volta, era bonito. O túmulo do pai ficava no topo de uma pequena colina, de onde se podia vislumbrar os arranha-céus da cidade. O velho escolhera o melhor terreno, sem dúvida. Enquanto as pessoas se retiravam, Otto se deixou ficar ouvindo o silêncio, o som do vento no bambuzal e nas árvores. Aquilo tudo o comovia demais. De repente, sentiu o coração apertado e uma incontrolável vontade de chorar. Por quê? Chorava por ele, pelo pai, por quem?

Buzina insistente lembrou-o de que era esperado. Fez o caminho de volta sem falar, entrou na casa da mãe e lá estavam as irmãs e o cunhado, um cara simpático, cirurgião plástico – naturalmente operou as duas irmãs – prontos para a reunião que a mãe pedira.

Você precisa mesmo viajar hoje, meu filho?

— Preciso.

— Então vou expor a situação. Alguém deve ser indicado para ser inventariante...

— Eu estou fora, não tenho capacidade. Podem resolver vocês. Concordo com tudo o que fizerem. A Marisa pode ajudar. Ela é advogada.

A mãe concordou, mas olhou para os outros como se dissesse esse-aí-não-sabe-o-que-diz.

— Não temos mais nenhuma ligação com a Marisa — a irmã mais velha falou. — Nem queremos ter.

— Mas não se pode esquecer que ela é herdeira como todas vocês — o cunhado disse. — Além do mais ela é que sabe o que o pai de vocês tinha, pois trabalhou anos ao lado dele na fábrica. O rompimento deles foi recente. É do interesse dela.

— E a secretária? — a mãe perguntou.

— Sabe alguma coisa. Não tudo. Só a Marisa tinha acesso real ao arquivo pessoal dele, pois cuidava da documentação, pagava os impostos. Ele comentou que planejava vender algumas propriedades até passar a crise, que não é nem brasileira, mas mundial. Não sei se vendeu.

— E quem vai procurar a Marisa?

— Eu não, mamãe. Sinto muito.

A mãe encarou a filha, compreensiva, e depois se dirigiu ao filho.

— Só posso contar com você, Otto.

— Onde ela mora? — ele perguntou, certo de que não poderia escapar.

— Na Alameda Tietê. Vou buscar o endereço. Ela deixou comigo no dia em que brigou com todos.

— E o que devo falar com ela?

— Você conta que o pai morreu e que precisamos que ela, já que é advogada, oriente o inventário. A irmã de vocês pode ser uma louca, uma alucinada, uma desequilibrada nas relações amorosas, mas tenho confiança no seu caráter.

Otto fez contas, mentalmente. Ela devia estar perto dos quarenta anos. Era a única a visitá-lo na Clínica. Arranjava uns namorados com carro e aparecia. Eles almoçavam juntos, davam boas risadas — ela parece que tem um baú de piadas.

— Eu vou falar com a Marisa. Mas vocês sabem que ela tem personalidade forte.

— De qualquer maneira é do interesse dela também nos ajudar no inventário — o cunhado repetiu.

A mãe mandou o motorista levar o filho, desejando-lhe boa sorte.

* * *

Marisa atendeu à porta. Ela e o irmão se deram um longo abraço apertado. Não precisavam dizer nada. A sala estava em penumbra, com as venezianas abaixadas.

– Se imaginasse que você viria para o enterro, eu teria ido. Fiquei aqui amargando uma tristeza tão grande. Eu gostava de trabalhar com o velho. Mas ele era um mandão de marca maior. Queria ser dono da minha vida, dos meus sentimentos: pode?

– Eu sei, mana. Vim aqui em nome de todos, para que você seja inventariante.

– O besta do meu cunhado sabe disso? – ela se levantou do sofá e foi buscar um cigarro.

Otto olhou em volta: o apartamento estava uma zorra, jornais por toda parte, empilhados desordenadamente, louças sujas em cima da mesa, roupas largadas pelo chão.

– Não repare. Mas nunca fico aqui. Estou sempre na casa do Luís, e minha faxineira teve um filho há duas semanas. Minha casa costuma ser um pouco mais arrumada, o mérito é exclusivamente dela, claro, mas hoje eu quis vir para ficar sozinha com as minhas coisas, mesmo que isto aqui esteja um lixo.

Otto fez um carinho no braço da irmã.

– Ele perdeu uma fortuna em jogo, sabia? Milhões.

Otto ouviu falar no vício do pai e dos irmãos dele. Herança da avó materna, que era jogadora famosa em São Paulo. Diziam que nunca houve ninguém com tanta sorte. Na roleta era invencível. Quebrou vários cassinos. Durante muito tempo Otto sonhou com a bisavó: via-a com um vestido longo de musselina branca, os cabelos ondeados presos na nuca, como na foto que ele guardava, tomando chá com as baronesas do café, antes de despojá-las das fortunas. Era conhecida a história de que uma outra jogadora perdera fazendas, casas e, não tendo mais o que jogar, para não se retirar do jogo apostou o marido. A bisa pensou uns instantes, como se quisesse se lembrar da figura do homem, e aceitou. Um escândalo. Tudo isso Otto ouviu quando era menino ou adolescente. Nunca soube o que aconteceu com o marido apostado, porque risos maliciosos impunham segredo.

– Marisa, me lembrei da história da nossa bisa jogadora. Você sabe o que aconteceu com o tal homem que ela ganhou numa aposta?

A irmã riu.

– Acho que essa história não é verdadeira. Sonhei várias vezes com ela. Podia ter montado uma casa para ele, deixando-o lá, como troféu, com a função exclusiva de fazer amor. Que tal? Uma glória. Se os homens podiam ter essas regalias... A verdade é que nossa bisa deixou a família mais rica, com o dinheiro do jogo – ela disse a frase com um certo asco na voz – que o papai e os titios se encarregaram de gastar.

– A situação é muito ruim?

– Acho que é, mas não sei o que o velho andou aprontando. Uma vez ele me falou que queria deixar só para você a Clínica, porque se preocupava com o seu futuro, o problema é que para isso tinha de dar imóveis, com idêntico valor, para os outros filhos. Não sei se ele...

Otto olhou para o relógio. Seis horas da tarde.

– Posso dizer que você aceita ser a inventariante?

A irmã concordou.

– Então eu já vou indo. Meu ônibus para o Vale das Águas é às oito horas e eu preciso devolver o carro.

— Quando alguém quiser falar comigo diga para ligar para o escritório. Aqui está meu cartão. E que não esqueçam que o Luís é meu colega lá, certo?

Os dois se despediram carinhosamente. Otto recostou a cabeça no carro e pensou no pai com uma certa ternura. Apesar de tudo ele se lembrava do filho. Como é que as pessoas conseguem suportar aquele trânsito horroroso? Acordou no momento em que o motorista estacionava na frente da casa: sete e quinze. Beijou a mãe, contou as novidades, entregou o cartão e saiu correndo.

— Telefone para mim, meu filho.

Pela primeira vez na vida Otto sentiu um certo medo do que lhe pudesse acontecer. Não se dava com o pai e, no entanto, sentia que ele o protegia. A mãe, não, coitada, tão sem opinião, tão desarvorada diante da vida. A Otto deu a impressão de que talvez fosse a última vez que a veria. Estava tão abatida. O que mais o impressionou foi seu cabelo ralo, tão ralo, fiapos brancos que mal lhe cobriam a cabeça. O pai ia fazer muita falta naquela família. Era o seu eixo. Todos recorriam a ele, fosse por que motivo fosse. Não que merecesse. Retrógrado, preconceituoso, mal informado, inculto, Otto não se recorda de tê-lo visto segurando um livro. Mas era uma personalidade forte. Por fora e por dentro. Alegre, comunicativo, gostava de beber e comer, de dar festas, de sair. Quando ele entrava num lugar era logo notado. Foi candidato a deputado, governador, senador. Nunca se elegeu. Em compensação era presidente de uma dezena de instituições, inclusive do seu partido. Nunca se soube que tivesse amantes, filhos fora do casamento. Mas ninguém se atreveria a pôr a mão no fogo.

O ônibus deu uma freada brusca. Os passageiros reclamaram, assustados, principalmente com o grito que Otto soltou. Grito impróprio, alto demais, desesperado demais. Grito de quem estava em carne viva.

5 Íris passou o dia todo trabalhando e lendo. Vez por outra sentia o coração bater acelerado e pensava em Bernardo. Gostaria que ele lhe tivesse telefonado, que desse bom-dia ou boa-tarde, que perguntasse o que ia fazer, qualquer sinal de que se lembrasse dela. Talvez ele fosse do tipo concentrado no trabalho. Não era como ela, que quando se interessava por alguém o pensamento fugia a todo instante, numa ansiedade

juvenil e descabida. Melhor prestasse atenção ao livro, o dia custava a passar se não aparecia ninguém, mas acabaram de entrar o prefeito e a mulher, tão alegres, para fazer uma consulta, ele vai ser candidato a deputado estadual e queria encomendar mil bíblias para distribuir durante a campanha.

– Você pode conseguir para nós alguma edição mais barata, Íris?

– Posso, sim. Vou pesquisar e depois telefono.

– Precisamos tudo pronto daqui a dois meses. Seria interessante você orçar também a embalagem individual de cada uma.

– Por que vocês não a encomendam diretamente na gráfica? Assim que eu tiver o tamanho da bíblia podemos bolar um saquinho. É mais fácil de guardar e vocês embalam no momento de dar para alguém.

– Gostei.

– E podemos pensar também num carimbo: Para (deixamos um espaço em branco) do seu amigo, Prefeito Nunes. Que tal? Vocês, ou os ajudantes do Comitê, só terão de escrever o nome da pessoa presenteada.

– Gostei disso, também – ele exclamou.

O prefeito e a mulher ficaram ainda alguns instantes e se despediram. Íris se pôs imediatamente a telefonar para as editoras. Não pensou mais em Bernardo, até dar de cara com ele, encostando o carro.

– Vim buscar você para ver a casa que eu aluguei.

Ela entrou no carro sem perguntar para onde a levava e teve a surpresa de ver que ele andou três quadras e parou diante da casa da viúva Brubeck, que foi uma de suas melhores clientes. Não havia semana que ela não comprasse um livro. Era muda desde a puberdade. Íris chegara a sonhar com a viúva sendo estuprada, aos doze anos, em Belo Horizonte, pelo tio doente mental. Ela se comunicava com o marido por sinais e ele respondia normalmente. Estava tão acostumado ao mutismo da mulher que se ela voltasse a falar ele talvez não a suportasse. Os dois gostavam de música clássica. Não tiveram filhos. Ele era veterinário e atendia a clientela na garagem, onde montou o consultório. A mulher o ajudava no banho e na tosa dos cães. Dava gosto olhar para um casal tão harmonioso, que ia todos os anos à Europa, para comprar CDs e visitar um parente. Passavam um mês fora, para desespero dos que necessitavam de atendimento, pois era o único veterinário da região. Um dia o marido se sentiu mal e foi internado, às pressas, no hospital da Vila das Flores: não saiu com vida. A viúva tentou ficar na casa, mas não suportou a solidão.

– Aluguei com tudo: móveis, roupa de cama e mesa, eletrodomésticos, panelas, louças e talheres. Até a empregada que cuidava da manutenção eu contratei. Para mim foi um achado. Você não imagina como estou feliz. Vou me mudar no final da semana e pedi à administradora do imóvel que libere a garagem, para que eu possa guardar o carro. Vamos entrar?

A casa estava limpa e arrumada. A viúva levou apenas as roupas, os objetos de uso pessoal, os livros e a coleção de discos.

– Realmente você teve sorte. Meus parabéns.

Da janela da sala, Bernardo e Íris admiraram o lago e a colina, atrás da casa.

– Que beleza – ele enlaçou a amiga, carinhosamente.

Ela se deixou abraçar, era tudo o que queria naquele momento, e sentiu o coração pulsar de emoção, como se jamais tivesse experimentado aquela sensação de um homem envolvendo o seu corpo, ah queria tanto aquele abraço e aquele beijo. Estava sonhando? Não, não estava.

Eles dois eram reais, um homem e uma mulher se permitindo sentir atração um pelo outro. Só isso.

Escureceu.

– Devemos ir, Íris. A luz ainda não foi ligada.

Abraçados eles desceram a escada para pegar o carro.

– Vamos comer em algum lugar?

– Que tal a churrascaria?

Àquela hora o restaurante estava vazio. Escolheram uma das mesas perto da janela, para ver e ouvir a cachoeira.

– Você já foi casado, Bernardo?

– Não. Casado, não. Tive vários relacionamentos, o mais longo, o último, acabou antes da minha vinda para cá. Ela se chama Bia. Acho que ainda estou ligado a ela, mas com o tempo...

Esquecer Bia, a mulher da sua vida? Nesses seus quarenta e cinco anos nunca se dera tão bem com alguém. Todos os seus casos se aprofundavam com a convivência, mas acabavam em tédio ou indiferença. Por quê? Não sabe a resposta. Com Bia foi diferente.

– E você, Íris?

— Tive alguns namorados e um noivo, por quem fui apaixonada. Há quase cinco anos estou sozinha, mas não sei se estou curada. Vamos fazer um trato? Não falar no passado. Nada tem importância, agora que a gente se encontrou.

Bernardo hesitou em concordar. O que é que ela queria esconder? Não seria melhor que deixassem tudo às claras para que não tivessem surpresas? Ele preferia conversar sobre os seus casos. E gostaria de saber os dela. A vida passada a limpo. Começar do zero.

— Para que criar fantasmas entre nós? – encarou-o francamente. – Prefiro não saber. E também não gostaria de falar dos meus fracassos afetivos.

— Fracassos?

— Toda relação que acaba me deixa a impressão de fracasso. Afinal se a gente se dedica afetivamente a alguém é porque acredita ser para sempre, não acha?

— Mas, Íris, enquanto durou o caso, não foi bom? Por que tem de durar a vida toda?

— Você tem razão. Eu mesma já me disse isso muitas vezes.

— Meus pais ficaram casados cinqüenta anos. E eram tão tristes. Você precisava ver.

— Eles ainda estão vivos?
— Não.
— E os seus?
— Moram em São Paulo.
— Por falar nisso, o pai do Otto morreu, sabia? Ele foi ao enterro. Eu estava tão animado com a casa que esqueci de contar.
— E a morte dele pode causar algum problema para você?
— Não sei. Os inventários demoram e meu contrato é de um ano.
— Você não disse que está aqui para fazer a Clínica ser auto-suficiente? Que a família não estava mais querendo mandar dinheiro?
— Exatamente. E eu vou conseguir isso, você vai ver.
— Coitado do Otto, não se dava com o pai, mas acho que essa morte deve afetá-lo bastante. Você sabe quando ele volta?
— Não.
Os dois ficaram calados. Íris pensou, sem querer, em Odilon. E sentiu falta dele. Bernardo também sentiria saudades da ex-namorada?
A noite estava calma, mais cinco mesas foram ocupadas na cantina, Íris não virou a cabeça com medo de ser vista por algum conhecido, não queria encontrar ninguém para não quebrar a intimidade... Que friozi-

nho gostoso. Ela sugeriu que pedissem outra taça de vinho.

– Que tal levarmos uma garrafa para sua casa?

O lago, um espelho, a refletir a lua cheia. Àquela hora, o movimento era nenhum. Íris sentia-se pronta para o amor. Há tanto tempo não sabia o que era se dar para alguém. Talvez fosse melhor esperar um pouco, amadurecer a relação, mas imediatamente decidiu que o momento era aquele e que não devia deixá-lo escapar. Não apostava no futuro. Apostava no clima amoroso que pressentia nos dois – ele a beijou demoradamente, antes de descer do carro.

Íris foi pegar os copos e ele propôs um brinde.

– Ao nosso romance.

* * *

6 Íris não nega que naquela manhã não fez outra coisa senão pensar na noite anterior. Tinha bem presente o prazer que quase sentira e desejou que Bernardo estivesse ali, ao seu lado.

— Posso saber do que você está rindo? — Otto perguntou, entrando no sebo.

— Oh, meu amigo, que bom que já chegou. Meus pêsames. Como foi sua volta a São Paulo e o encontro com a família?

— Um horror. Tive vontade de cuspir no velho, no caixão. Mas me lembrei que um morto não tinha mais a menor possibilidade de ser ofendido. Preferi não olhar para ele. Você precisava ter visto a cara da minha mãe ao me ver chegar assim, sem terno e gravata. Ela esperava o quê, que eu fosse mudar da noite para o dia? E as entojadas das minhas irmãs? Só gostei de ver a Marisa, que não foi ao enterro, porque rompeu com os velhos desde que começou a namorar um sujeito do partido comunista. Ainda bem que aceitou ser a inventariante.

— Estava bonita?

— Não. Tristíssima e desleixada. Se você visse a bagunça que era o apartamento dela. Nunca vi coisa igual.

— Eu me lembro que ela defendia o pai. Uma vez vocês quase brigaram por causa dele.

Otto olhou a estante das novidades, sem prestar atenção aos títulos.

— Ontem à noite, no ônibus, me ocorreu perguntar se você nunca tentou escrever.

— Eu? Para dizer a verdade, já. Mais de uma vez até. Fracassei completamente. Tenho dificuldades com as palavras.

Era a primeira vez que confessava a sua desventura. Chegou a escrever umas duzentas páginas do que seria um romance: os personagens saíam tão pouco comuns, ela sempre preferiu um coxo a alguém normal, gente sem importância a grandes figuras, interioranos a habitantes de metrópoles. Quem ia se interessar por aquilo? Tinha prazer enquanto escrevia, mas depois, ao reler...

— Não sei descrever paisagens nem sentimentos, Otto. As palavras que me ocorrem são banais.

— Que você fez do romance?

— Nada. Está arquivado no computador. Nem me dei o trabalho de imprimir. Acho que não tenho talento.

— Isso, Íris, você não pode saber. Tem tanto escritor que pensa que é gênio e está longe de ser. Veja só este *O Morro dos Ventos Uivantes*. Você acha que ela sabia a obra-prima que estava escrevendo?

— Você gosta tanto assim?

— Aqui tem mais de vinte mil livros, você já me disse. Quantos são realmente maravilhosos, minha amiga? Quantos?

— Tantos.
— Os grandes talentos são poucos. Agora, as vocações...
— As vocações variam. Há autores que escrevem por necessidade. Há aqueles que escrevem porque não sabem fazer outra coisa. Há os que só pensam em ganhar dinheiro, descobrem um filão e disparam a explorá-lo. Há aqueles que se distraem escrevendo. Há os que se sentem destinados para a literatura e carregam o fardo sofrendo — coitados. Há os vaidosos, aqueles que acham que vão mudar o curso da história, que acham seus contemporâneos ruins, acreditam não existir ninguém melhor do que eles — esta senhora, por exemplo, pensa exatamente isso. Em todas as entrevistas diz ter casado com a literatura, não foi mãe, jamais entrou numa cozinha a não ser para fazer chá, não foi amante de nenhum homem — sacrificou-se pela literatura. Não é fantástico? Quem disse que daqui a trinta anos alguém vai se lembrar dela? Olha este cara aqui. Considerava-se um predestinado, escreveu quase vinte livros, no começo do século era um autor muito conhecido, e hoje... Nunca ninguém entrou por essa porta e pediu um livro dele. Se você lesse as entrevistas pretensiosas que ele deu,

as frases ostentando erudição, as besteiras ditas para exibir sua "extraordinária" potência intelectual! Está ali, oh, na última prateleira, esquecido.

— Já sei. Quando você não gosta de um autor se vinga colocando-o no pior lugar, na pior prateleira.

— Imagine, Otto. Faço isso só com alguns. Uma brincadeirinha. Fora os livros de alguns vaidosos insuportáveis, todo autor, pelo simples fato de ter escrito, merece lugar na estante. Afinal de contas, ganho minha vida vendendo o que produziram. Medíocres ou não. Se você pensar que Shakespeare ficou esquecido por mais de duzentos anos, por que, dentre milhares de autores considerados menores, não pode existir outro gênio incompreendido? Um conhecido meu, do Rio de Janeiro, tem em casa livros medíocres, que encomendou pela internet porque gostou do título, ou porque foi atraído pela capa. Os critérios não são os literários, entende? Quer saber mais? É um dos meus melhores clientes. Tudo é muito relativo. Mas vamos falar de você. Como se sentiu em São Paulo?

— Mal. Não sei como as pessoas suportam o sofrimento diário para se locomover naquele trânsito. Eu ficaria louco. Tomara que eu não precise voltar.

— Tem razão. Eu também não tolero. A empregada dos meus pais leva três horas para chegar em casa todos os dias, pegando três conduções. Já pensou o que é ficar seis horas no trânsito?

— Você tem medo que aconteça alguma coisa com a Clínica?

— Não sei. Ninguém sabe qual é a situação financeira da família. Parece que o velho estava com problemas.

— São seis horas. Vamos subir?

Otto aceitou. O enterro do pai deixou-o arrasado, mesmo não gostando dele. Rever a mãe — que sujeito insensível era ele que não se emocionava? — criou nele um mal-estar danado, não sabia o que fazer, acabou cumprimentando-a de longe, com a cabeça. Também pudera, depois daquele olhar de reprovação que ela lhe dera. A mãe sempre provocou nele constrangimento.

— Sabe quem é o autor daquele livro que você me emprestou, aquele que conta a história do pai e do filho, que depois de anos de distanciamento, de repente, vão almoçar juntos e se estranham? O pai tem vergonha do homem gordo que está na frente dele, mal-educado, babando molho na gravata.

— Saul Bellow. Não me lembro do título. Posso procurar, se você fizer questão.

— Acho que mamãe se sentiu mal com a minha presença. Ela deve ter pensado: essa coisa gorda e mal vestida é meu filho? Essa coisa balofa, cabelos pelos ombros, unhas compridas nasceu da minha barriga? Que desgosto eu devo causar a ela. Mas quem foi alijado da família, quem foi repudiado, como se contaminasse todos? Eu. O que ela esperava, uma entrada triunfal do único filho homem se jogando em seus braços, perdoando a sua omissão, a sua falta de personalidade, a sua falta de amor? Pois sim.

— Seu pai está morto. Não seria melhor você o desculpar, ou tentar entender?

Otto não respondeu. Não foi só o pai o culpado. Ele, pelo menos, lhe mandava mesada. E a mãe e as irmãs o que fizeram para trazê-lo de volta ao convívio familiar? Marisa foi visitá-lo, mas não o levou para morar com ela. Nem mesmo tentou.

— Posso oferecer a você um refrigerante?

— Aceito. Você sabe, Íris, eu não penso em sair do Vale das Águas. Vivo muito bem aqui. Eu seria infeliz se tivesse de voltar para

São Paulo. Tenho medo da cidade. Um medo pavoroso. Se você visse a quantidade de gente esmolando e dormindo na rua! Um dia esses mendigos vão se revoltar! De uma certa maneira, somos uns privilegiados. Vivemos num lugar sem grandes diferenças sociais. Se o país fosse todo assim!

— Eu também não penso em voltar para lá.

Otto se despediu logo depois. Em outra oportunidade ficaria para jantar. Estava muito cansado. E precisava pensar na sua relação com a família. Eram as irmãs, a mãe e o cunhado que o rejeitavam ou era ele que não os suportava porque eram burgueses, apegados a valores materiais e convencionais e com hábitos de gente de posses? Os falsos finos cheios de si. Tinham dinheiro, mas não bons sentimentos, nem compreensão da vida. Defendiam o que era deles — eis tudo. Ao mesmo tempo, tivera pena da mãe, tão abatida, tão desnorteada. O que ela ia fazer agora? Quem iria administrar-lhe a vida? Se duvidar ela não sabia ir a um banco, acostumada a pedir dinheiro ao marido. Otto achou-a menor de tamanho, sem força, mirradinha no vestido de seda preto. Num determinado momento ele teve vontade de deitar a cabeça no seu colo, como fazia em criança. Ela se vergava e enchia seu rosto de beijos. O macho da família – ria – o macho. Coitada. Não demorou a perceber o equívoco. Otto ficava em casa, bordando, ao seu lado, em vez de ir jogar futebol experimentava as roupas das irmãs e divertia a mãe, imitando-as. Morriam de rir, os dois.

Mas antes dos quinze anos – a revolta. Ele incomodava os pais com a sua gordura e com a postura de não querer usar terno e gravata. Que ele ficasse em casa com aquela roupa doida, as longas e folgadas batas, o pai tolerava. Mas não era admissível usar aquilo para ir ao colégio. Otto pensou até em seguir uma religião indiana qualquer, mas disseram que teria de raspar a cabeça. Nos primeiros anos, ele sentiu o isolamento como um castigo. Com o passar do tempo, porém, descobriu as delícias de viver numa cidade pequena, nos longos passeios em volta do lago, na convivência com a comunidade. Por isso desistiu de fazer curso superior, aceitando a condição de ajudante dos internos na Clínica. Tornou-se melhor enfermeiro do que qualquer diplomado. Recebia, inclusive, um modesto salário pelos serviços que, junto com a mesada paterna, lhe propiciava a poupança razoável. Os internos e os funcionários passaram a ser a sua família, e sentia-se querido e respeitado. Tinha orgulho de contar que foi padrinho de batismo de dezoito crianças, hoje adultas: sete já eram pais. Não, não se queixava da sorte.

* * *

7 Bernardo só gostava de livros de jardinagem, paisagismo, histórias do vinho, plantas e flores. Mas fez um pedido a Íris: algo que ensinasse a fazer pães, tortas e bolos. Queria experimentar receitas e custos, enquanto preparava o solo para a horta. Um forno grande estava quase pronto. Não tinha certeza se a confecção própria seria mais econômica para a Clínica. A não ser que a produção fosse tão boa que toda a região a viesse comprar. Planos não faltavam ao administrador, que se dizia feliz. Íris passava agora os fins de semana com ele, costumavam sair de carro em viagens curtas para procurar mudas de plantas nas chácaras vizinhas. Todos os amigos e clientes sabiam do namoro e convidavam os dois para jantares e festas de aniversário.

Às vezes Bernardo viajava e ela sentia a falta do namorado. Tinha os mais horríveis pressentimentos. Também não suportava dormir na cama vazia. Os lençóis não esquentavam. Mas não estava apaixonada. A relação começou bem e, de repente, entrou numa fase meio chocha, talvez pelo cotidiano insípido, diferente da experiência afetiva anterior, com o noivo. A atração inicial por Odilon amadureceu aos poucos e se transformou em paixão. Ele sabia, como ninguém, despertar nela o desejo e lhe dar prazer. Era a sua metade, o seu homem. Foram anos de alegria compartilhada em hotéis, motéis e, finalmente, na casa de um tio hospitalizado, onde se encontravam, até que pudessem viver sozinhos. Quando conseguiram marcar o casamento, começaram os problemas. Odilon, autoritário, impunha suas idéias, como se só elas fossem boas. A família, como tinha mais posses, queria um casamento com festa, centenas de convidados, um estardalhaço que incomodava Íris, reservada por natureza. Não ia se exibir daquele jeito. Assinaria os papéis apenas para oficializar a união. Mas tudo, de repente, lhe pareceu insolúvel. Os conflitos cresceram de tal maneira, que Íris rompeu o noivado. Não podia gostar daquele homem que não tinha bastante personalidade, nem suficiente amor para entender o seu lado. Não. Ela se enganara. Estava tudo terminado. E se mudou para o Vale das Águas. Não queria, nem podia, ficar à mercê de arrependimentos, ou recaídas que, certamente, ocorreriam. Casar naquelas condições era inadmissível. Com o tempo esqueceria Odilon.

Íris pensou que fosse mais fácil. Não que não gostasse da maneira como Bernardo a abraçava, do seu jeito delicado de amar. No entanto, ela ainda não respondia às carícias, nem se entregava. Talvez, se tivessem mais convivência... Ou ela ainda não estava curada? – Íris se levantou, angustiada. Sentia-se sufocar. Olhou-se no espelho, o rosto lívido, o suor frio escorria-lhe pelo pescoço. Não gostava de pensar em Odilon. E admitir que não era completamente feliz deixava-a perplexa. Que fazer?

Chovia. Ela primeiro olhou o relógio – três horas da manhã, depois foi até a cozinha pegar uma garrafa de água mineral. Há várias noites vem acordando de madrugada. Nesta, parece que foi de propósito, para que ela pudesse ver a chuva grossa, os pingos pesados batendo na vidraça e que tanto a atemorizavam na infância, pois não é que podiam quebrar o vidro? Acabara de ter a mesma sensação, enfiou-se embaixo das cobertas. Decididamente estava sem sono – pegou um livro na mesa-de-cabeceira. *O crime do estudante Batista*, que não tendo dinheiro começa a vender seus livros num sebo do Rio de Janeiro, com cheiro "de velhice e de mofo". O meu não tem nada disso, é limpo e arejado – ela pensou antes de se envolver com a história. Só largou o conto do Ribeiro Couto umas trinta páginas depois, no ponto final, um pouco abalada pelo retrato mesquinho e avarento do dono do sebo.

Acordou tarde no domingo feio e nublado. Nada para fazer. Os armários estavam arrumados, havia comida pronta na geladeira. Há muito tempo não se sentia assim, livre de obrigações. Bernardo viajara, Íris tinha convite para almoçar na casa do farmacêutico, às duas da tarde – pegou o telefone para chamar Otto, quem sabe dariam uma volta? Depois do passeio iriam juntos para o almoço. Conversavam menos, atualmente, eles dois, com tantas coisas a serem feitas na Clínica: ele ajudava em tudo e no final do dia estava exausto. Um cansaço bom.

Otto chegou logo e eles foram andar,

não no lago, que devia estar cheio de gente fazendo piquenique, mas no centro. Ele ia dando notícias: a horta e o pomar crescem. Dentro em pouco seria possível, além do consumo próprio, vender frutas e verduras para a vizinhança. Que é exatamente o que Bernardo quer, por isso ele contratou gente especializada. E a granja não vai demorar a dar lucro. Mas você já sabe disso.

– Na verdade, não, o Bernardo não toca muito no assunto. E do seu inventário tem notícias?

– Nada. Continuo recebendo dinheiro mensalmente e a mana telefona de vez em quando. Minha mãe também. Não temos assunto, então.... A novidade é que chegou mais uma interna.

– Quem é?

– Uma mulher que deve ter sido belíssima. Uma atriz de teatro. Não sei o nome artístico. Chama-se Iara. O marido internou-a por não agüentar seu mau humor. Sabe a última que ela fez? Depois que queimou uma das mãos, num acidente com uma garrafa de álcool, ela passou a não suportar espelhos. E ela e o marido, que é importador de vinhos, foram a Buenos Aires. Antes de viajar o casal reservou um quarto sem espelhos, o máximo

que ela suportava eram os pequenos, de banheiro. O hotel concordou, nunca ninguém imaginou a louca que ia se hospedar lá, e o cara da reserva não se lembrou dos corredores espelhados. Para encurtar a história: ao se ver refletida Iara ficou tão irada que quebrou o corredor inteiro com um vaso de ferro. Foi um Deus nos acuda. O marido finalmente descobriu que não podia mais suportar a mulher. Ou ela mudava ou eles iam se separar.
– Que idade ela tem?
– Sessenta? Não sei.
– Bernardo não falou na atriz.
– Ele fica meio distante, não convive com os internos. Afinal ela não é doente, pelo contrário. Está lá como se estivesse num *spa*, numa estação de águas, enquanto o marido foi para a Europa. Na volta ele espera encontrar a mulher mais calma.
– O que ela faz o dia inteiro?
– Ela lê peças de teatro. Trouxe um monte.
– Menos mal, então.
Às duas horas em ponto, Íris apertou a campainha da casa do farmacêutico, com a promessa de que Otto levaria a atriz até o sebo. Queria conhecer a figura.

* * *

A reunião que Bernardo teve, na segunda-feira, na capital, com a família Vargas de Andrade, foi difícil. Pelo visto, a Clínica era um dos poucos bens da família que restaram. O pai dele praticamente detonara tudo. E alguns apartamentos seriam vendidos para pagar as dívidas de impostos, tão logo o inventário terminasse. Imagine, um homem acabar com uma fortuna imensa, sem mais nem menos. Estavam todos indignados. Marisa resolveu pesquisar se o pai teria dado bens para alguém, se havia outra mulher. Decidiu tentar acompanhar passo a passo o desbaratamento das propriedades, nos últimos anos. E isso ia levar algum tempo. A ordem, por enquanto, era que a Clínica sobrevivesse com as mensalidades pagas pelos internos.

– E o que faço com aqueles que pagam o mínimo, como o pintor? – Bernardo perguntou, apreensivo.

– Avise os familiares, tome providências. Daqui não sai mais dinheiro. Garantimos apenas o seu salário, no prazo estabelecido. Depois...

Bernardo relatou os contratos feitos para a horta, o pomar e o aviário, que iam de vento em popa, e os planos para a padaria.

A mão-de-obra era barata, na região. Se tudo desse certo a família poderia, eventualmente, ter lucros.

Marisa não queria ser indelicada, as decisões estavam tomadas, fim da reunião, porque ainda devia participar de mais quatro.

Bernardo se despediu e pensou em Bia. Que saudades. Queria tanto uma companhia para jantar e ela era a melhor de todas, inteligente, engraçada. Contava piadas, como ninguém. Estaria casada? – procurou o cartão. O telefone tocou uma, duas, dez vezes, enquanto ele prestava atenção na morena que discava um número, nervosa.

Finalmente uma voz de mulher atendeu.
– Posso falar com Bia Lopes?
– É ela. Quem fala?
– Bernardo Proença.
– Está brincando. Essa voz não é dele.
– Estou ligando de um telefone público. Vou ficar aqui só hoje e pensei em convidar você para jantar.
– Hoje?

A morena do telefone ao lado finalmente encontrou quem procurava. Bernardo ouviu-a dizer uns dez palavrões e desligar.
– Do que você está rindo?
– De uma mulher vulgar que, além de

dizer um monte de palavrões, tirou um chiclete da boca e grudou no fone.
— Bonita?
— Não sei. Só estou vendo o traseiro rebolando na minissaia justa. Então, vamos jantar?
— Onde?
— Que tal aquele bistrô da Alameda Tietê?
— Que horas?
— Oito.
— Certo.

Bernardo olhou o relógio. Ainda não eram seis horas. Iria a pé para fazer exercício? Enquanto andava podia refletir sobre a precariedade dos seus planos de viver para sempre, no Vale das Águas. De repente os caminhos que traçara para si mesmo lhe pareceram inconsistentes. Estava absolutamente inseguro — pegou a rua Cardeal Arcoverde — desejo incontrolável de passar na rua onde morou e namorou a menina que usava tranças e sentava de perna aberta, porque não tinha maldade e desconhecia os efeitos do gesto, adrenalina pura. Ele estava louco para ter a primeira experiência sexual e jorrava esperma no banheiro repetindo o nome dela, que paixão, não conseguia estudar. Os professores chamaram a mãe. Esse menino precisa tomar sol, tão pálido e fraco. Olhos fundos na cara então imberbe, o seu maior complexo a ausência de pêlos no peito, a pele branca demais, os braços flácidos – nunca fez um exercício. Gostava, isso sim, de se postar na porta dos colégios e ver as meninas de uniforme, ai que tesão, se esfregava no poste, nunca se sentiu devasso, não, era apenas um macho à procura da fêmea que o ajudasse a descobrir o sexo. Finalmente a barba surgiu, ralinha, cheia de falhas, ele raspava todo dia para que engrossasse, a pele escalavrada, tão fina, até hoje tomava o maior cuidado. A mãe também tinha uma pele de porcelana, e ele herdou o lado materno, uma pena, que diabo alguém sair parecido só com um dos pais – atravessou a rua, a próxima era a Capote Valente. Lá estava o prédio, bem decadente, hem? O zelador era outro, uma grade protegia agora o que fora um jardim. Não sentia nada por aquele edifício, morara ali tão pouco. Logo que o pai morreu a mãe, que era professora de ginásio, se mudou para a casa da avó. Não tinha dinheiro para pagar o aluguel, aquela rua não lhe dizia coisa alguma, o que ele esperava? Deu meia-volta, não devia ter cedido ao impulso saudosista: será que não ia se arrepender também de ter telefonado para Bia? Não, claro que não, afinal ficaram amigos depois que o amor acabou.

Bernardo apressou o passo, doido para cruzar a Rebouças e pegar a Oscar Freire; logo poderia tomar um café. Quase sete horas. Tinha tempo de sobra, parou ao lado da Arte Aplicada, a galeria da Sabina, sua velha amiga, há tanto tempo não se viam, olhou algumas esculturas, pena que ela já tivesse ido embora, deixou um bilhete e foi para o restaurante.

Percebeu o quanto estava cansado no momento em que se sentou – as pernas doídas de tanto andar. Já não era o andarilho de antigamente, que ia a pé da Av. Paulista até o Morumbi, do Central Park ao Soho, do Arco do Triunfo a Montparnasse. Economia? Não, prazer. Sua maior alegria nas viagens era conhecer as cidades, andando, sem pegar metrô, táxi ou ônibus.

Às sete e meia Bia entrou no bistrô disposta a esperar por Bernardo. Aquele convite mexeu com ela, tinha de reconhecer. Pensava que não sentia mais nada por ele, estava curada e bastou que ligasse, para sair correndo. Que tipo de mulher ela era?

– Oi, Bia. Chegamos os dois mais cedo.

— Medo de chegar tarde — ela sorriu, antes de se cumprimentarem.

— Tudo bem?

— Tudo.

— Quais são as novidades? Espera, o que você toma?

— Vinho e água mineral com gás. Fui demitida. Contenção de despesas, disseram. Vinte e cinco jornalistas foram mandados embora do jornal. Já pensou? Está todo mundo sem emprego.

— O que você vai fazer? Garçom, por favor.

— Ainda não sei. Tinha pensado em ir conhecer o Vale das Águas. Mas já que você está aqui, não preciso mais...

Imagine, ela aparecer, de repente, sem avisar — ele pensou.

— Vamos tomar aquela sopa de cebola ou você quer outra coisa?

— Sopa de cebola.

Ele fez o pedido. Ainda era muito cedo. O restaurante estava vazio.

— Você está namorando?

— Para dizer a verdade, estou. Um colega do jornal.

— Me conte.

Enquanto ela falava, Bernardo examinava o rosto, os gestos, os movimentos com os cabelos, a mulher mais fêmea que encontrara em toda a vida – sentiu uma ereção. Como é possível isso, que mesmo longe dele, do outro lado da mesa, ela o provoque assim? Que poder ainda tinha sobre ele? – mexeu-se, aflito, na cadeira.
– Então, por que você queria ir me visitar?
– Tente adivinhar.
Bernardo penteou o cabelo, com a mão. Ela sabia que aquilo queria dizer que ele ficara sem jeito. Vontade repentina de que a beijasse e abraçasse, que a acariciasse por baixo da mesa, como sempre fizeram, ambos coniventes na loucura, fingindo que conversavam baixinho, o presente que ele queria sempre lhe dar, até que ela revirasse os olhos, contente; ele chupava os dedos úmidos. O namorado mais generoso que tivera em toda a vida. Por que não tinham ficado juntos? Ele quebrou o repentino silêncio.
– Em que você estava pensando?
Ela jogou a cabeça para trás, sedutora.
– Em nós.
Ele olhou em volta – nem o garçom era visível – puxou a cadeira para perto dela e os dois se atracaram. Era mais forte do que eles.

Resistir como? Por que não marcaram encontro num hotel, e não ali? Mas logo se afastaram, Bia pensou que não deviam ter chegado a tanto, afinal estavam rompidos definitivamente e não podiam recomeçar mais nada. Por que então se permitir intimidades?
O vinho chegou.
– A nós – ele disse e pensou em Íris. Estava longe de gostar dela como gostava de Bia. Infelizmente.
– Você estava pensando em quem?
Ele não respondeu. Apenas olhou-a fundo nos olhos. Se tivesse resistido à vontade de estar com ela! Agora, era tarde.
– Eu tenho uma namorada, no Vale das Águas. Até alguns minutos atrás achei que eu não gostava mais de você, que podia ser feliz com outra mulher.
– E é claro que pode. Isso não tem importância. Nós só nos damos bem no sexo. Não preciso dizer que nossa convivência sempre foi tumultuada. Você tem o dom de me lembrar a fêmea que eu posso ser, mas também tem o dom de despertar em mim o que eu tenho de pior.
– Por favor, Bia, não estrague este nosso encontro. Vamos apenas nos curtir um pouco, amanhã a gente vê o que faz. Neste exato

momento você e eu nascemos um para o outro – ele pegou a mão dela e a beijou. – Que saudades eu tinha de você.

Ela olhou para ele triste, desesperadamente triste.

* * *

8 Domingo era dia de festa no Vale das Águas. O prefeito, em campanha eleitoral, resolveu comemorar o aniversário da cidade. A primeira providência foi nomear uma comissão: Otto, o farmacêutico e o dentista. Em pouco tempo estavam levantando o coreto, um conjunto de violinistas foi contratado para tocar no final da tarde e, por sugestão de Otto, a atriz Iara aceitou ler poemas. A feira-livre de arte e artesanato da praça XV estava dando trabalho, era preciso que as barracas fossem alugadas da prefeitura. Ninguém se atreveria a desrespeitar o projeto do velho Dr. Trajano Vargas de Andrade, não é mesmo? – o prefeito sorria, gentil. Todos concordavam, porque a praça ficava bonita, com as lonas verde-azuladas, cor da água.

O dia amanheceu quente, muito quente, mas radioso. Íris se levantou cedo para ir arrumar os livros na sua tenda. Primeira vez que ia bancar a camelô e achava engraçada a idéia.

Lamentava tanto a ausência de Bernardo. Ontem Otto perguntou se ela carecia do namorado para ser feliz. Tinha absoluta certeza de que poderia viver sem ele, claro, acostumara-se a viver consigo mesma, sem precisar de outra pessoa, ela respondeu, mas desejava a companhia dele, queria dividir a aventura daquele dia, era seu namorado, afinal de contas.

– Você pode dividir comigo – Otto se ofereceu para ficar ao lado dela.

E estava a postos, esperando, para ajudá-la.

– Que bom que você chegou.

* * *

A feira transcorria alegre, com gente de todos os vales vizinhos, o prefeito vendia as bíblias, arrecadando dinheiro para a campanha, e esfregava as mãos, satisfeito. Íris encontrava amigos e clientes que há muito tempo não via, quando, de repente, ela se deu conta de que não ia demorar a chover. Aquelas nuvens escuras... – começou a guardar os livros, rapidamente. Mal tivera tempo para colocar alguns nas caixas, quando uma ventania forte provocou o caos na praça XV. E tudo ia pelos ares. Pessoas corriam e gritavam. Da cachoeira vinha um ronco forte, assustador. Barracas e objetos voavam. Gritos eram abafados pelas trovoadas e pela chuva grossa. O lago transbordou e, em poucos minutos, Vale das Águas ficou inundada.

Íris conseguiu chegar em casa, apavorada: vira, ao longe, um bebê boiando? Tomou um banho quente, se vestiu e ligou a televisão. O prefeito mandava que os moradores das encostas deixassem suas casas, pois havia perigo de desabamentos e, ao mesmo tempo, pedia à população, que não morasse em zonas de risco, que não saísse.

Bernardo telefonou, estava impedido de voltar por causa das barreiras caídas. Queria notícias. Mas Íris só conseguia dizer o óbvio. Não, não sabia nada da Clínica.

No dia seguinte, as imagens das ruínas e de gente chorando à procura de parentes eram assustadoras. Deslizamentos soterraram casas e estradas. E a chuva continuava a cair, grossa. Em alguns lugares, a água chegou a atingir mais de um metro e meio de altura. Quinze moradias e uma ala da Clínica Vargas desapareceram na lama – a televisão, que era transmitida do Vale Vermelho, mostrava carros boiando, crateras abertas nos morros, o pequeno cemitério submerso, apenas as copas das árvores mais altas podiam ser vistas. Íris procurou por Otto, ninguém atendia ao telefone. Haveria algo que pudesse fazer? No final da tarde, quinze corpos jaziam no necrotério. Um deles era do Irineu, o pintor. Iara, que começou a ler poemas no coreto, no primeiro momento da chuva, e não correu a tempo de se proteger, foi vista se debatendo na enxurrada.

O Hospital Antônio Albuquerque de Andrada, do Vale das Flores, ficou repleto de doentes, já não tinha leitos, e o Clube das Acácias foi transformado em enfermaria. A *Rádio Vale Verde* interrompera a programação normal, dando boletins a cada meia hora, preenchendo os horários com música clássica, e a *Folha dos Vales* deixou de circular, o que nunca acontecera desde a sua primeira edição. Alarmada, a população procurava seus desaparecidos e o prefeito declarou Vale das Águas em estado de calamidade pública. Ninguém entrava e saía da cidade, a não ser pelo Vale Vermelho, de barco.

Íris dava graças à mania de estocar alimentos e só ir ao supermercado uma vez por mês, não passaria necessidades, mas não podia negar que estava muito deprimida com tudo aquilo. De repente, ouviu baterem à porta: o ex-noivo, encharcado, sorria para ela, valise na mão.

– Como é que você chegou aqui, Odilon? Entre.

– Preciso tirar os sapatos, que estão cobertos de barro, trocar esta calça...

– Não se preocupe.

– Faço questão – ele ficou descalço e entrou. Onde é o banheiro? – ele continuou a falar – Deixei o carro há uns dois quilômetros do Vale Vermelho. Quando ouvi no rádio o que estava acontecendo por estas bandas, não pensei duas vezes, dei meia-volta e vim. Posso tomar um banho?

– Vou buscar uma toalha para você se enxugar.

Odilon era assim, impetuoso e íntimo em dois segundos. Ela não podia negar que estava feliz em vê-lo – pegou copos e uísque. Uma alegria incrível.

– Você comeu? – perguntou numa voz talvez alta demais.

– Tomei café. Estou morto de fome.

— O que você quer?

Ela foi para a cozinha. Tirou pão do congelador e pôs no forno, começou a descascar legumes para fazer uma sopa leve.

Odilon apareceu, com a toalha amarrada no corpo, cheiro bom de banho, o cabelo penteado para trás, o corpo moreno, de músculos rijos, cheirando a sabonete – como era bonito. Ele se sentou na cozinha, à vontade, como se estivesse na sua própria casa.

— Pensei que não fosse chegar nunca. A chuva estava tão forte que eu não enxergava um palmo diante do nariz. Um barqueiro me deu carona. Já pensou? Era um bote desses infláveis, o cara remava com competência invejável. E me ensinou a chegar aqui.

— Quer tomar um uísque? O gelo está no balde.

Ele se levantou rápido demais, a toalha quase caiu, aberta o suficiente para Íris estremecer. Ele não se deu por achado. Sentia-se bem ali, ao lado dela, preparando comida como nos velhos tempos: não deviam ter se separado nunca, ainda se amavam, tinha certeza. Estava louco para....

Terminado o jantar, em que eles falaram da família e das experiências pessoais em todos aqueles anos, sem mágoas, rindo das bobagens, dos amigos, os dois sentaram, lado a lado, no sofá. A televisão mostrava a tragédia de uma família de nove filhos soterrada sob a própria casa. Odilon desligou o aparelho e se aproximou dela.

– Posso deitar no seu colo, como antigamente?

Íris sentiu que não resistiria a nada. Ele encostou o rosto nas suas pernas e... Ela sabia e ansiava pelo que ia acontecer. Não pensaria, não falaria. Queria simplesmente amar e ser amada por Odilon.

Como pudera admitir a relação com Bernardo? Em que momento abrira mão de uma coisa tão importante quanto o prazer sexual intenso? Não estava sonhando? Não. Odilon era real e a acariciava com o carinho de anos atrás.

– Você não entende que não podemos viver separados um do outro? – ele sussurrou. – Vou levar você comigo ou me mudo para cá.

Íris ficou quieta. Devia contar a ele que... Talvez ele também tivesse alguém. Daqui a pouco falariam abertamente. Naquele instante desejava apenas beijar aquele peito másculo, reconhecer a mão que deslizava nas suas costas.

— Diga alguma coisa, diga.
— Estou com frio. E você?
— Um pouco. Mas, por favor, não se mova. Eu vou agasalhar você, assim, olha.

Odilon pensou no quanto ela lhe fez falta, nos últimos anos. Como gostava dela.

— Você teve muitas namoradas?

Ele confirmou.

— Quer me contar?

— Comi umas dez mulheres. E daí?

Odilon pensou no quanto ele sentira falta de Íris. Mas não conseguia perdoar o rompimento, quando os convites para o casamento já estavam na gráfica, por isso não a procurava. O motivo lhe pareceu frágil demais. Ele ficara entre a mãe e a noiva, tentando equilibrar os desejos das duas. Não gostava de briga, não dava para entender? Nem queria magoar ninguém. Ouvia daqui e concordava — claro, vamos dar um festão, mamãe, como você tanto sonhou. Ouvia de lá, e concordava — que festa nada, gastar um dinheirão à toa, melhor que casassem quietinhos, no cartório, almoçassem com os padrinhos e se mandassem para o Rio, em lua-de-mel.

— Me conte das mulheres. Como eram?

— Não vale a pena. Casos à toa. Algumas

me deram trabalho, pois ficavam no meu pé quando eu desaparecia. Sempre fiz as mulheres felizes, não fiz?

Íris riu. Ele não mudou. Convencido como ele só.

— Se quer saber a verdade — ele continuou —, todas elas eram encantadoras e me ajudaram bastante nesses cinco anos que ficamos longe um do outro. Mas quando ouvi no rádio do carro o que estava acontecendo aqui, fiquei tão angustiado. Tive medo de perder você, de que alguma coisa horrível... Já perdi meus pais, naquele acidente. Bem. Pensei muito em nós dois, enquanto dirigia. Sou outra pessoa agora.

— Em vez de advogado, corretor de imóveis.

— Rico, sabia? Ganhei muito dinheiro. Quer casar comigo?

Íris voltou a rir e acendeu o abajur. Estava com sede.

Odilon se levantou para ir ao banheiro e ela foi para a sala. O acerto de contas não ia demorar.

— Um uísque?

Me conte tudo. Não podemos deixar nada para trás.

Íris pensou em Bernardo. Será que ele também estaria feliz com a antiga namorada?

– A nós.

* * *

9 Finalmente, as chuvas pararam: lama e entulho cobriam ruas e estradas, os cemitérios deviam ser preparados para que as famílias pudessem enterrar seus mortos. Odilon se despediu de Íris com um longo beijo. Voltaria em dez dias. Ambos tinham certeza de que queriam ficar juntos. Mas ainda não sabiam como. Íris abriu novamente o sebo, alegre de que tudo estivesse direito: a perda dos livros levados para a feira não fora tão grande. Muitos volumes eram duplicatas e a escolha dos títulos também a poupara de arrependimentos ou lástimas. O que a preocupava, no momento, é que Emília não voltara para casa todos aqueles dias. E temia pela sorte da empregada. No final da tarde, iria até a Prefeitura, que estava dando notícias dos desaparecidos – ligou o computador, para ver sua correspondência. E lá estava uma de Bernardo, que surpresa, ele não gostava de computador, nem de internet, explicando que muitas coisas acon-

teceram e, diante do fato de que a família de Otto não mais quisesse financiar a Clínica, e os danos que as chuvas nela causaram não teriam como ser reparados, pelo menos de imediato, ele resolvera aceitar uma oferta, do pai de uma amiga, de dirigir uma de suas empresas em São Paulo. Então ele pede que, por favor, recolha suas roupas e objetos, se é que a casa da viúva Brubeck ainda estava de pé – tentou a ironia de mau gosto. Ele rescindiria o contrato de aluguel, pagando a multa estabelecida, e assim que se instalasse, mandaria o endereço para remessa dos pertences. Nem uma só palavra sobre os dois, ou de solidariedade. E ela com tantos pudores, ensaiando mentalmente como contaria para ele o reencontro com Odilon. Nem tudo que reluz é ouro – diria seu tio, que tinha mania de frases e provérbios do gênero. Melhor assim. Ela estava livre de qualquer compromisso moral com Bernardo Proença. Respondeu com algumas palavras secas, dizendo que teria prazer em ajudá-lo e pôs um ponto final. Outras correspondências a aguardavam.

– Oh, minha amiga, que desgraça – exclamou Otto, entrando na livraria. Bem que meu bisavô dizia: a natureza não é essa placidez que a gente vê, cuidado com a ira das águas.

– Há possibilidades de chuva, ainda, anunciou o serviço meteorológico. Foram as construções clandestinas que criaram os maiores problemas.

– Você saiu?

– Não tive coragem, Otto.

– Os tratores estão limpando a lama das ruas mas, pelo jeito, elas vão demorar a voltar a ser o que eram. Sabe que a casa da viúva Brubeck desapareceu?

– Como assim?

– A enxurrada levou. Ficaram escombros.

– Não me diga. Ora essa – Bernardo previu, apesar da ironia, ela pensou. – E a Clínica?

– Um terço da construção foi atingido pelos desmoronamentos da encosta. O problema é saber como estão os alicerces. Há muita parede rachada. Nada restou das plantações e do aviário.

– Que barbaridade.

– Até agora, sabe-se que existem sessenta mortos. Do nosso pessoal, só o corpo do Irineu foi encontrado. Dois funcionários sumiram e da Iara não ouvimos mais falar: não sabemos onde está, se pediu abrigo para alguém.

— Qualquer hora ela aparece, você vai ver.
— O quarto dela se foi. Como dava para o aviário, que ficava grudado na encosta... A chuva abriu uma fenda enorme no morro. Estou traumatizado, quer saber? Muito mesmo. Imagine ter de refazer a vida, nesta idade! Minha família não quer mais saber disto aqui. E eu? Como é que vou me arranjar?
— Calma, Otto. Dê tempo ao tempo.
— Que horas são?
— Meio-dia.
— Então venha almoçar comigo.
— Não posso, amiga. Preciso voltar para a Clínica. Aquilo lá está um caos. Se a minha irmã não mandar dinheiro...
— Você vai à Prefeitura, Otto?
— Vou. Agora. Estou atrás de notícias da Iara.
— Então me faça um favor, querido. Pergunte pela Emília.
— Ela também?
— Ajudou a levar e a arrumar os livros, como você viu, depois disse que ia dar uma volta e não apareceu mais.

Venha à noite. Tenho novidades para contar. Odilon, meu ex, apareceu aqui e....

Dali a pouco eles se despediam. Íris estava perplexa com tudo que acontecia. De uma determinada forma, a presença de Odilon suavizara o peso de toda a tragédia, eles dois se reencontraram, descobriram que ainda gostavam um do outro, fizeram planos para o futuro. Mas, e Vale das Águas, como ficaria? Conseguiria se recuperar? Pela primeira vez, depois que se mudara, ela pensava que talvez já fosse hora de voltar para São Paulo. Odilon tinha a vida dele toda estruturada, ela podia montar seu sebo onde quisesse. Era preciso refletir sobre o assunto, friamente, pesar os prós e contras: os amigos que fizera, a vida calma que levava, as dificuldades que teria para se acostumar de novo à metrópole. A solidão que sentira desde domingo, até a chegada de Odilon, dera-lhe a impressão de que não podia mais viver sozinha, sem nenhum parente por perto. Ela também percebeu que o seu cotidiano era muito fechado, sem atrativos. Não ia ao cinema, ao teatro. Fora ler, que às vezes a divertia, não sempre, ela se distraía com a televisão, é certo, mas sentia falta de ter uma família, amigos para sair. A opção de ficar no Vale das Águas fora sua, não tinha a menor dúvida, não se recriminava de nada, a experiência da livraria foi e é importante, de valor inestimável, através dela Íris descobriu uma

profissão, a casa simpática, Odilon elogiara, mas, no fundo, ela estava tão longe de tudo e de todos, no refúgio contra o fracasso do noivado que agora não fazia o menor sentido, só o amigo Otto a prenderia ali por mais tempo, realmente não poderia viver sem ele, teria de convencê-lo a partirem juntos, pediria a Odilon que lhe arrumasse um lugar, qualquer coisa, queria tê-lo ao seu lado.
Alguém gritava? Que dor era aquela que se exprimia tão forte?

O telefone tocou e distraiu seus pensamentos. Porém, à noite, foi a primeira pergunta.

– Otto, há dias venho ouvindo esses uivos distantes: seriam de algum animal enjaulado?

– Não, Íris. São do filho do padeiro, sabe aquele menino esquizofrênico? Ele deve ter se assustado com as trovoadas...

– Eu tinha me esquecido dele. Não existe um jeito de parar esses gritos?

– É o jeito que ele tem de se comunicar.

Ela ficou quieta. De uma certa maneira, sentiu vergonha de não ser compreensiva. De outra, pensou que os uivos podiam ser um símbolo da situação do Vale das Águas. Mas não disse.

– Lamento informar, Íris, ninguém sabe do paradeiro da sua Emília. Falei com a equipe que está cuidando dos resgates, deixei o nome dela e o seu telefone, para que avisem, se for localizada.

– Obrigada, amigo.

Otto sabia ser encantador ao elogiar a arrumação da mesa – a comida fica mais gostosa, quando está bem apresentada –, os dois evitavam falar em assuntos tristes. Na sobremesa, Íris resolveu contar seu reencontro com Odilon e a sua decisão de voltar para São Paulo.

– Você quer voltar para São Paulo?

– Querer, eu não quero, Otto. Mas não vejo alternativa. Odilon propôs que a gente se case no mês que vem, e ele não pode simplesmente fechar a imobiliária, dar as costas para o sucesso, e vir se enfiar neste fim de mundo.

– E você vai desistir do sebo?

– Aí é que está, Otto. Tenho uma proposta para você. Eu gostaria que viesse trabalhar comigo. Abrimos o sebo em São Paulo – mais precisamente, na Vila Madalena, Odilon me ofereceu uma casa, que está fechada, na rua Aspicuelta, e a gente acha um apartamento para você morar perto.

– Deixa ver se entendi: você está me propondo que eu trabalhe com você?

— Exatamente. Não posso ficar sozinha a vida toda. Vou precisar dividir com alguém a responsabilidade...

— E sou eu, esse alguém? Você confiaria em mim?

— Claro.

Ele ficou calado. Estava tão emocionado com o convite. Era a primeira vez na vida que isso lhe acontecia, ser tratado como um ser normal, capaz de trabalhar em alguma coisa, ter responsabilidades.

— Você quer a resposta agora?

— Não. Pense no assunto. Eu gostaria muito mesmo de contar com você.

Íris se levantou para fazer um brinde.

— À nossa amizade, Otto. Antes de tudo, à nossa amizade.

— Você me fez sentir, de repente, com esse convite, o homem mais feliz do mundo.

— Eu é que sou feliz porque tenho um amigo como você, palavra de honra.

Otto se despediu pouco depois. Queria ficar só, desfrutar daquele bem-estar – contornou o lago que a lua cheia prateava. Uma sensação de leveza, ou de paz, nunca sentida. Então a felicidade existia? Não era mentira?

*　*　*

10 A arrumação dos livros demorou mais do que eles esperavam porque as estantes tiveram problemas de acabamento e o marceneiro precisou refazer várias prateleiras. De certa forma, foi o que permitiu a Íris e Odilon a curta viagem de núpcias e ajudou Otto a procurar um local para morar. Ele teve sorte, conseguiu um apartamento pequeno na rua Fradique Coutinho, a três quadras do sebo: a sua primeira casa! Procurou a mãe e as irmãs, de quem ganhou os móveis e utensílios, e não cabia em si de alegria.

Íris, ao voltar de Buenos Aires, resolveu montar um café na garagem, para animar os fins de tarde do sebo. Odilon trouxe Adonias, primo do motorista da firma, para servir os clientes.

Tudo ia bem, Otto era o primeiro a chegar e o último a sair da loja. Até que ele começou a aparecer com umas pulseiras grossas de prata e um sujeito esquisito vinha buscá-lo no final do dia. Será que ele... Íris não disse nada. Um dia, ela deu de cara com o amigo de Otto, escolhendo livros.

— Gosta de ler?

Ele respondeu agressivamente.

— Por que não posso? — uma expressão

debochada no rosto, onde ela vislumbrou o que poderia ser um tique nervoso, ou seria um gesto de escárnio?

Íris resolveu não dar importância ao fato. Ela mesma já se pegou irritada e nervosa em algumas situações. Não que ele inspirasse confiança, mas não podia julgar alguém apenas pela má aparência: os olhos eram muito separados e levemente estrábicos, jamais encaravam o interlocutor; o corpo, atlético, típico de um professor de academia, envergava regatas encardidas, para melhor exibirem seus músculos, e usava gel nos cabelos crespos. De um intelectual, estava longe.

– Olha o preconceito – Odilon recriminou a mulher.

– Ele parece um bandido, um vigarista. Juro.

– Isso está me cheirando a ciúme do Otto. Outro dia você reclamou que ele não nos visitava mais. Agora implica com o amigo dele.

– Você precisa conhecer o cara.

Bernardo entrou no sebo, num final de tarde. Estava alegre, de terno e gravata.

– Vim trazer convite para o meu casamento.

– Então a Bia se decidiu?

— Pois é. Às vezes os retornos dão certo.
Íris sorriu. Os dois tinham situações parecidas, se aproximaram, se ajudaram e tomaram seus rumos. Bernardo tirou do bolso a lista de livros que o futuro sogro gostaria de dar para o neto mais velho.
— Uma boa encomenda — Íris agradeceu.
— Pode deixar comigo. Assim que eu tiver conseguido todos os títulos eu telefono.
— Íris convidou Bernardo para um café, antes que se fosse. Estava curiosa.
— Quem escolheu esses livros?
— O irmão da Bia. Pediu de presente de aniversário. Quer ser escritor.
— Deve ter talento, porque a lista é excelente.
Na manhã seguinte, Íris começou a procurar os títulos. Não encontrou vários. Otto ficou como doido procurando.
— Não entendo. Se nós não vendemos, os livros deviam estar aqui, nesta prateleira, Íris. Estão no computador.
Otto prometeu virar o sebo de pernas para o ar. Íris concordou que procurassem em todas as estantes, pois ela nem brincava mais de colocar títulos e/ou autores fora de ordem; como mais alguém ia trabalhar com ela, não podia se permitir o luxo.

E a descoberta não demorou: faltavam mais de cem livros. Como era possível isso? – os dois se olharam, intrigados. Íris lembrou-se do amigo de Otto, mas não teve coragem de falar.

– Será que alguém mais esteve aqui, na minha ausência?

Otto parou para pensar, coçando a cabeça, intrigado.

– Não que eu me... Sim, claro que sim... Meu amigo Waldo.

– Ele ficou sozinho?

– Não, quer dizer, ficou algumas vezes, ou porque eu fui ao banheiro, ou porque fui... Espera aí, você não está sugerindo que...

– Não estou desconfiando de ninguém. Quero apenas entender. Afinal, um prejuízo de mais de um mil...

Otto ficou quieto uns minutos, antes de sair.

– Você fecha hoje, Íris? Tenho um encontro daqui a pouco. Amanhã a gente resolve isso.

Por três dias Otto não apareceu, nem telefonou. Íris ficou preocupada. Não era do feitio dele sumir desse jeito. Que teria acontecido?

Íris pediu que Odilon fosse com ela até o apartamento de Otto.

O porteiro disse que não o tinha visto, só se o vigia da noite soubesse de alguma coisa. Melhor que voltasse às dez horas.

– Não podemos subir?

– Não adianta. Está vendo estes litros de leite? São dele. O porteiro da manhã não conseguiu entregar ontem, nem hoje. Ninguém responde. A gente toca, toca e nada. Eu chego às duas e saio às dez. Por aqui, ele não passou.

O vigia noturno dava, finalmente, uma pista. Duas noites atrás Otto voltara tarde e subira para o apartamento com três amigos, dando risadas. Pareciam meio bêbados.

– Três? Quem eram? – Íris perguntou.

– Não sei, não. Um é aquele Waldo, que está sempre com ele. Os outros dois eu nunca vi. Eram uns caras grandões, cheios de tatuagens. Parecem mais guarda-costas do que atletas: e acho que...

– O quê?... Diga, homem – Odilon insistiu.

– Boiolas. Acho que eram todos boiolas.

– E o senhor não os viu sair?

– Não. Mas confesso que eu dou umas cochiladas de madrugada. Sabem como é... quem não tira uma soneca?

Odilon deu o braço para Íris e foram até a delegacia. Lá, contaram para os policiais suas suspeitas e um deles os acompanhou até o apartamento, com um molho de chaves. Alguma, por certo, abriria a porta.

A sala estava toda desarrumada e os gemidos, ah, os gemidos que vinham do quarto...

O policial entrou antes e tapou o nariz, diante do cheiro de mijo, de sangue, de fezes. Otto estava nu, na cama.

– Quem fez esse estrago queria matar o homem – o policial sentenciou, indo para a sala chamar uma ambulância.

Íris viu a tatuagem que ele tinha no mamilo, tratou de logo cobrir o amigo. Ninguém devia ver aquilo. E aproximou dele o seu rosto.

– Foi o Waldo?

Otto confirmou, balançando de leve a cabeça. Mas continuou de olhos fechados.

Ela nem precisava pensar muito. Naturalmente o sumiço dos livros... Desde quando ele tinha aquela tatuagem? – tentou olhar mais de perto, antes que o policial voltasse. Parecia de mentira. Ah! Então era isso. Uma falsa tatuagem. Dessas que se compra para crianças. Uma borboleta de mentira, saía com água. Só podia ser. Mas significava o quê?

— Os marginais devem ter revirado o apartamento atrás de dinheiro, de cartões de crédito, sabe-se lá do quê. Como nada encontraram, vingaram-se — Odilon disse.

O policial ficou calado. Íris quis dar uma ordem no quarto.

— Não toque em nada. A perícia, entendeu? A perícia. — E, depois de dar uma olhada rápida em Otto, esticou o queixo e perguntou: — É usuário de drogas?

— Não sei — Íris respondeu. — Acho que não.

Otto mudara tanto em São Paulo. Adquirira trejeitos esquisitos, ficou mais desinibido. No começo, Íris julgou que ele estivesse assim porque reatara com a família, que se mostrou generosa, na hora de montar o apartamento. Ele ficara encantado com os presentes. Estava tão feliz.

— Eles não suportam errar de vítima. Esse aí vai ter sorte se sobreviver.

Mas Otto parecia não querer viver. Nada o interessava. Não reagia às notícias de que os seus algozes foram presos e a Clínica tinha sido vendida e ia virar um hotel.

— Está me ouvindo Otto?

Íris se despedia, descorçoada.

— Se nós tivéssemos ficado no Vale das

Águas, nada daquilo teria acontecido, não acha, Odilon?

Ele a abraçou compreensivo. Ninguém foge ao próprio destino – pensou dizer, mas calou a boca. Íris detestava aquele tipo de frase.

Otto foi enterrado no cemitério de que tanto gostara.

Íris lembrou-se das palavras do amigo, descrevendo o túmulo no topo da colina, de onde se podia vislumbrar os arranha-céus da cidade, e tentou ouvir o mesmo silêncio, o som do vento nas árvores.

De uma coisa ela estava certa: Otto ia execrar a companhia do pai, se pudesse.

Obras de
Edla van Steen

CONTOS

Cio, Von Schmidt Editor, 1965.
Antes do Amanhecer, Editora Moderna, 1977.
Até Sempre, Global Editora, 1985.
A Bag Of Stories, Antologia e tradução de David George. Latin American Literary Review Press, USA, 1991.
Cheiro de Amor, Global Editora, 1996, *Prêmio Nestlé de Literatura.*
Scent of Love/Seleção e tradução de David George. Latin American Literary Review Press, USA, 2001.
No Silêncio das Nuvens, Global Editora, 2001.
A Ira das Águas, Global Editora, 2004.

ROMANCES

MEMÓRIAS DO MEDO, 1ª edição, Melhoramentos, 1974; 2ª edição, Editora Record, 1981.

CORAÇÕES MORDIDOS, 1ª edição, Global Editora, 1983, 2ª edição, Círculo do Livro, 1986.

VILLAGE OF THE GHOST BELLS, Tradução de *Corações Mordidos*, de David George, Texas University Press, USA, 1991.

MADRUGADA, Editora Rocco, 1992, *Prêmio Coelho Neto da Academia Brasileira de Letras, Prêmio Nacional do Pen Clube 1992.*

EARLY MOURNING, Tradução de *Madrugada*, de David George/Latin American Literary Review Press, 1997.

ENTREVISTAS

VIVER & ESCREVER, L&PM Editores, 1981. Vol. 1.
VIVER & ESCREVER, L&PM Editores, 1982. Vol. 2.

INFANTO-JUVENIS

MANTO DE NUVEM, Cia. Editora Nacional, 1985.
POR ACASO, Global Editora, 1996.
O GATO BARBUDO, Global Editora, 2000.
O PRESENTE, Global Editora, 2001.

PEÇAS TEATRAIS

O ÚLTIMO ENCONTRO, Arte Aplicada, 1989, Edi-

tora Scipione, 1991, *Prêmio Molière 1989*, melhor autor, *Prêmio Mambembe 1989*, melhor autor, *Prêmio APCA 1989*, revelação de autor.
BOLO DE NOZES, Hamdan Editora, 1998.
À MÃO ARMADA, Editora Caliban, 1996, em parceria com David George.
MINA DE OURO, Inédita, 1989.
AMOR DE ESTRELA, Inédita, 1999.
PRIMEIRA PESSOA, Inédita, 2004.

LIVROS DE ARTE

MARCELO GRASSMANN – 70 anos, Edição de Arte Aplicada, 1995.
POETAS DA FORMA E DA COR, Edição de Arte Aplicada, 1997.

TRADUÇÕES E ADAPTAÇÕES

AULA DE CANTO, Antologia de contos de Katherine Mansfield, Global Editora, 1984.
O MÉDICO E O MONSTRO, Romance de R. L. Stevenson, Editora Scipione, 1987.

TRADUÇÕES E ADAPTAÇÕES PARA TEATRO

O ENCONTRO DE DESCARTES COM PASCAL, peça de Jean-Claude Brisville, montada em São Paulo e no Rio de Janeiro, 1987, 1988, com Italo Rossi e Daniel Dantas/montagem dirigida por Jean-Pierre Miquel.

O DOENTE IMAGINÁRIO, peça de Molière, 1986, montagem de Moacyr Góes, com Italo Rossi no papel-título, 1996, Impressões do Brasil Editora, 1996.

TRÊS ANAS (ANNIE WOBLER), peça de Arnold Wesker, 1987.

MAX (Jacke wie Hose), peça de Manfred Karge, em colaboração com Sonya Grassmann, montagem de Walderez de Barros, 1990.

SOLNESS, O CONSTRUTOR, peça de Henrik Ibsen, montagem do Grupo TAPA, com Paulo Autran, 1988, 1989.

AS PARCEIRAS (ANNABELA ET ZINA), peça de Claude Rullier, 1990.

SENHORITA JÚLIA, peça de A. Strindberg, montagem dirigida por William Pereira, 1991, com Andrea Beltrão e José Mayer.

STRIP-TEASES, peça de Joan Brossa, com a colaboração de Sylvia Wachsner, 1993, montagem de Daniel Dantas, 2000.

CALA A BOCA E SOLTE OS DENTES (LIPS TOGETHER TEETH APART), peça de Terence McNally, em parceria com Sonia Nolasco, 1994.

ENCONTRO NO SUPERMERCADO, peça de Shula Meggido, 1993, montagem da atriz Tereza Raquel, 1995.

DA MANHÃ À MEIA-NOITE, peça de Georg Kaiser, em parceria com Sonya Grassmann, 1993.

A Última Carta, peça de Nicolas Martin, montagem dirigida por Gianni Ratto, 1994.

A Dama do Mar, peça de H. Ibsen, 1996, montagem dirigida por Ulysses Cruz.

Vida no Teatro, peça de David Mamet, 1996, montagem dirigida por Francisco Medeiros, com Umberto Magnani.

Três Irmãs, peça de A. Tchecov, 1998, montagem dirigida por Enrique Diaz, com Maria Padilha, Cláudia Abreu e Júlia Lemmertz.

CONTOS SEUS APARECEM EM ANTOLOGIAS PUBLICADAS NO EXTERIOR, DESTACANDO-SE:

Nowe Opowiadana Brazylijskie, Krakow, Polônia, 1982.

The Literay Review, Summer USA, 1984.

Brazilian Literature, Latin American Literary Review Press, USA, 1986.

Erkundungen, Verlag Volk und welt Berlin, Alemanha, 1988.

Sudden Fiction International, W. W. Norton & Company/New York, Londres, 1989.

Der Lauff der Sonne in den Gemässigten Zonen, Edition Dia, Alemanha, 1991.

One Hundred Years After Tomorrow, Indiana University Press, Bloomington, Indianapolis, USA, 1992.

SOMETHING TO DECLARE, Selections from International Literature, Oxford University Press, Toronto, Canadá, 1994.

DAS GROSSE BRASILIEN-LESEBUCH, Goldmann Verlag, Alemanha, 1994.

ANTOLOGIAS BRASILEIRAS

CHAME O LADRÃO, Contos policiais/Edições Populares, 1978.

O CONTO DA MULHER BRASILEIRA, Vertente Editorial, 1978.

O PAPEL DO AMOR, Papel Simão e Livraria Cultura, 1979.

EROTISMO NO CONTO BRASILEIRO, Civilização Brasileira, 1980.

21 DEDOS DE PROSA, ACES e Cambirela Editores, 1980.

PELO TELEFONE, Edição especial Telesp, 1981.

O PRAZER É TODO MEU, Editora Record, 1984.

A POSSE DA TERRA — ESCRITOR BRASILEIRO HOJE, Imprensa Nacional, Casa da Moeda, 1983.

CRIANÇA BRINCA, NÃO BRINCA? Rhodial, Livraria Cultura, 1985.

ESPELHO MÁGICO, Editora Guanabara, 1985.

HISTÓRIAS DE AMOR INFELIZ, Editorial Nórdica, 1985.

CONTOS PAULISTAS, Mercado Aberto, 1988.

MEMÓRIAS DE HOLLYWOOD, Livraria Nobel, 1988.

Este Amor Catarina, Editora da UFSC, 1996.
Uma Situação Delicada e Outras Histórias, Lazuli e SESC, 1997.
Brasil: Receitas de Criar e Cozinhar, Bertrand Brasil, 1997.
Onze em Campo e um Banco de Primeira, Relume Dumará, 1998.
Os Cem Melhores Contos Brasileiros do Século, Editora Objetiva, 2000.
Blumenauaçu 3, Editora Cultura em Movimento, 2002.
Contos de Escritoras Brasileiras, Martins Fontes, 2003.
Conto com Você, Global Editora, 2003.
Feminino, Lazuli Editora, 2003.

GRÁFICA PAYM
Tel. (011) 4392-3344
paym@terra.com.br